EXETER HISPANIC TEXTS

Founded by Keith Whinnom and J. M. Alberich

General Editor: William F. Hunter

XLVII

THE TREATY OF BAYONNE (1388)

THE TREATY OF BAYONNE (1388)
WITH PRELIMINARY
TREATIES OF TRANCOSO (1387)

Edited by
John Palmer and Brian Powell
University of Hull

UNIVERSITY OF EXETER
1988

© John Palmer and Brian Powell

1988

ISSN 0305 8700
ISBN 0 85989 316 2

Printed by
Short Run Press Ltd, Exeter
October 1988

ACKNOWLEDGEMENTS

The editors wish to thank the Archivist of the Archivio Segreto Vaticano for permission to publish material from Registra Avenionensia MSS 251 and 305, and the Garter King of Arms for permission to publish material from Arundel MS 48 of the College of Arms. We are grateful to Professor P. E. Russell of the University of Oxford for his help, and to Dr W. F. Hunter, Editor of Exeter Hispanic Texts, for his meticulous scrutiny of our manuscript and many helpful suggestions. Our greatest debt of gratitude, however, is to Dr Caroline Barron of Royal Holloway and Bedford New College, London, who most unselfishly allowed us to publish under our names the papal documents which she had discovered and identified.

INTRODUCTION

I. The Treaty of Bayonne

A. *The Background*

The Treaty of Bayonne of 1388 between Juan I, King of Castile, and John of Gaunt, Duke of Lancaster and Pretender to the Castilian throne, was one of the most important treaties of the Hundred Years War. Since the reign of Pedro I (1350-1369), Castile had been deeply involved in the struggle for hegemony between France and England, and a crisis point had been reached in 1386.[1] In that year, John of Gaunt and his wife Constanza, daughter of Pedro I, had landed with an army in Galicia, the north-western part of the Spanish kingdom, to pursue their claim to the throne.[2] They had the support of the Roman Pope, Urban VI, since Castile favoured the Avignon papacy;[3] of the Portuguese, who feared Castilian claims to their throne; and, within Juan's kingdom itself, of large numbers of "emperogilados", supporters of the legitimate succession to the Castilian throne represented by Constanza.

By the middle of 1387, after some unspectacular campaigning, military stalemate seemed to have been reached. However, diplomatic contacts had been established, and, following the withdrawal of Gaunt's army to Portugal in June, negotiations soon produced preliminary agreements which were to result in the definitive Treaty of Bayonne, concluded in 1388. The preliminary forms of the agreement, negotiated at Trancoso in Portugal, and the final treaty, as well as subsidiary documents, are discussed later in this Introduction and published for the first time below.

B. Consequences

Both in the achievement of its objectives and in the benefits which accrued to its signatories and their allies, the Treaty of Bayonne was one of the most successful treaties of its time. For Juan I, it resolved the dispute over the succession to his throne and freed Castile from serious involvement in the Hundred Years War. The financial provisions of the treaty made John of Gaunt by far the wealthiest subject of the English Crown, enabling him to play a dominating role in English politics for the remainder of his life and providing his son with the resources to usurp the English throne shortly after his death.[4]

In international relations, the Treaty of Bayonne removed French fears of an English-dominated Castile, thereby reducing tension between England and France. This in turn led to negotiations which resulted in the Truce of Leulingham of 1389 and the end of Anglo-French wars for a generation. Within the Iberian peninsula, too, a treaty between Portugal and Castile was concluded in 1389.[5] Finally, the settlement of these disputes enabled serious consideration to be given to healing the Schism in the Church, something to which the signatories of the Treaty of Bayonne pledged themselves, and something which could not have been contemplated before the Treaty of Bayonne and the subsequent treaties had been concluded.[6]

II. Previously Known Sources

A. For the Treaty of Bayonne

Given the undoubted importance of the Treaty of Bayonne, it has been unfortunate that, until now, no text of the treaty was known to have survived. The fullest description of its contents was that provided in his *Crónica de Juan I* by the Castilian court chronicler Pedro López de Ayala, a participant in many of the events he describes.[7] However, it is clear from a reading of Ayala's account that his aim was to provide a description of the main points of the treaty, not a copy of the treaty itself. Moreover, in view of Ayala's involvement with one party to the agreement and the natural bias of any royal chronicler, there has always been a suspicion that Ayala's account was not entirely trustworthy. Such a suspicion was reinforced by the only other independent source of information, an anonymous letter written in Burgos to an unknown addressee only days after the conclusion of the Treaty of Bayonne. This letter contained no more than a brief summary of some points of the treaty; but, despite the brevity of its contents, it differs in some ways from the account found in Ayala, which has helped to undermine faith in the latter without providing a substantial alternative.[8]

Finally, one other document has been used as a source of financial information about the treaty: British Library MS Harley 431, ff. 43-47, which contains a detailed and repetitive description of the conditions governing payment of the amounts granted to John of Gaunt and his wife under the terms of the treaty.[9] We have used this manuscript to fill the occasional lacuna in our texts; but, since its contents are of such restricted scope, it is of limited value for knowledge of the treaty as a whole. In the light of the unsatisfactory nature of the previously known sources, it is pleasing to report the discovery of a reasonably complete copy of the Treaty of Bayonne, reproduced below.

B. For the Treaty of Trancoso

The above sources all relate to the Treaty of Bayonne. For the earlier negotiations at Trancoso the information available has been even more exiguous, consisting only of a brief summary of some points of agreement given in Ayala's chronicle, and deductions made on the basis of a letter from Joan I, King of Aragon, written in reply to a request from Juan I of Castile for financial assistance in making the initial payments to John of Gaunt and diplomatic assistance in the matter of the hostages for subsequent payments.[10] The letter from Aragon was written in February 1388, but we do not know the date of Juan's request for help. In short, whilst it was known that there had been discussions and some agreement at Trancoso, the range of the discussions and the status of any agreement reached were not known. Again it is pleasing to be able to report the discovery of new sources of information. The documents published below shed considerable light on the negotiations at Trancoso, and show that these were, in fact, of great significance, and resulted in a treaty which was substantially the same as the treaty agreed and made public at Bayonne more than a year later.

III. The New Documents

A. Contents

The newly discovered documents consist of the following material:
1. Powers granted by John of Gaunt to his Ambassadors.
2. The First Treaty of Trancoso (Trancoso I) and its confirmation by both parties.
3. Amendments to the First Treaty, negotiated at Zamora on 26 and 29 June 1387.
4. The Second Treaty of Trancoso (Trancoso II).
5. The Third Treaty of Trancoso (Trancoso III).
6. The Treaty of Bayonne and its ratification by both parties.

B. Sources

The above documents are taken from the following sources:

1. **Archivio Segreto Vaticano, Registra Avenionensia MS 251**, ff. 353r-366v. Documents 1, 2, 3 and 5, in that order. The first is a translation in Castilian, the rest are in Latin.
2. **College of Arms, London, Arundel MS 48**, ff. 229r-235v. Document 4, which is in Latin.
3. **Archivio Segreto Vaticano, Registra Avenionensia MS 305**, ff. 548r-555v. Document 6, of which the first six clauses and part of the seventh are missing. The text is in Castilian, with clear Navarro-Aragonese features.

C. The Authenticity of the Documents

All three sources described above are reliable collections of official documents. Registra Avenionensia (henceforth Reg. Aven.) 251 is one of the Avignon volumes of copies of papal letters contemporary with their originals.[11] In this case, the letters are from the ninth year of Clement VII (October 1386 to October 1387), and our documents are in the same hand as others in the collection. This helps to date in particular what we call Trancoso III, as will be seen below.

Reg. Aven. 305 is a miscellaneous collection of papal texts, mainly of the late fourteenth century. It contains, for example, bulls, letters and petitions, including one from Charles V of France, dated 1392, the debts of a bishop who died in 1374, and so on. The documents are in various hands and on differing types of paper and parchment, and were therefore independent before being bound in this volume.

Arundel 48 is a miscellaneous collection compiled by William of Worcester in the fifteenth century.[12] Many of the documents refer to the Hundred Years War, and they include texts concerning the Treaties of Brétigny, Calais and Troyes. Our document, in a late fourteenth-century hand, has its folios bound in the wrong order. The correct one is: 229, 231, 232, 230, 235, 233, 234.

Although our documents are neither originals nor officially authenticated copies, they do come from collections of a trustworthy nature, whose compilers clearly had access to official sources. There is no reason to doubt that they are good copies of the originals. Moreover, a comparison of document 4 (Trancoso II), which resides in an English archive collection, and documents 2 and 3 (Trancoso I and Amendments negotiated at Zamora) from a Vatican volume, reveals virtual verbal identity between them, confirming the authenticity of all three.

The original provenance of each of documents 1-5 is clear from the titles attached in them to the leading figures involved. Document 4 derives from John of Gaunt's chancellery, for it calls Gaunt "rex Castelle et Legionis", and Juan I "noster adversarius". Documents 1, 2, 3 and 5 come from the Castilian side, calling Juan I not only King of Castile, Leon and other Spanish kingdoms, but also King of Portugal. As for document 6, the public Treaty of Bayonne, its language and its present abode reveal its Spanish origins.[13]

IV. The Sequence of Negotiations

A. *Trancoso I to Trancoso II*

Our Trancoso I (document 2) is the first version of a treaty negotiated in the Portuguese town of Trancoso. It can be dated to 10-12 June 1387 since the powers of Gaunt's ambassadors (document 1) were issued on 10 June and Gaunt's acceptance of the agreement (end of document 2) took place on 12 June. That our Trancoso I is a copy of the first Trancoso treaty is confirmed by the Amendments to the First Treaty (document 3), in which all references to and quotations from the first agreement agree with the text of Trancoso I.

The second version of the agreement can also be dated with reasonable accuracy. The report of negotiations states that the amendments listed therein were agreed on 29 June 1387. The new version must have been concluded on that day or soon after. One might expect this second version of the treaty to be the one found in Reg. Aven. 251 subsequent to the details of changes, that is, our document 5. However, a close comparison of documents 3 and 5 reveals that this is not the case. The amendments cited in document 3 to clauses 6, 8, 10, 17, 20 and 21 do not correspond to the text of the treaty in document 5, and changes found in many of the clauses of this treaty are not mentioned at all in the list of agreed amendments. If, however, we compare Trancoso I and the amendments with the text of Arundel 48 (document 4), we find almost complete correspondence. Not only does Arundel 48 have all the agreed changes except one, in almost exactly the same words as in Reg. Aven. 251, but it has no other changes. The one exception is clause 21 in Trancoso I, to which an amendment is listed in document 3. In Arundel 48, the clause appears as clause 25 and has been amended in a different way. With the exception of this one clause, Arundel 48 contains the second version of the Treaty of Trancoso, hence our designation Trancoso II.[14]

B. *Trancoso III: "Secundus Tractatus"*

The second treaty found in Reg. Aven. 251 is headed in document 5 "Secundus Tractatus", but it is in fact a third version of the Treaty of

Trancoso, hence Trancoso III. In the context of the documents in Reg. Aven. 251 it was perhaps considered that Trancoso I plus the amendments formed one agreement, and hence Trancoso III was called "Secundus Tractatus". However, it is clearly a third attempt to draft an agreement. The changes made for Trancoso III are more numerous and more important than those made for Trancoso II. In the latter case, eight clauses were amended. In Trancoso III, twenty-two clauses were amended and one was added. This obviously represents a radical revision of a treaty of only twenty-five original clauses.

Was Trancoso III, however, a third version of the treaty agreed at Trancoso in the Summer of 1387, or a revision of the treaty negotiated at Bayonne in the Spring of 1388, when more time for reconsideration had elapsed? One strong indication favourable to the earlier date is provided by the volume in which the document is found. As has been mentioned above, Reg. Aven. 251 contains documents of the ninth year of Clement VII, which ran from 31 October 1386 to 30 October 1387. No dated document in the register falls outside these dates; the other Trancoso documents in the volume fall within them. It is most unlikely, therefore, that Trancoso III should be an odd case, especially when one of the two possible dates for its negotiation falls within the requisite period.[15]

A second piece of evidence for a July date is provided by the Castilian chronicler Ayala. In his summary of points agreed at Trancoso,[16] he mentions the granting of three cities by Juan I to Constanza, Gaunt's wife. This grant is not stipulated in Trancoso I or II, but is the content of the new clause added in Trancoso III. All other details of the agreement at Trancoso provided by Ayala are accurate, and, as we note in our Conclusion, his summary of the Treaty of Bayonne is also very accurate. We must accept, then, that the contents of the new clause were agreed at Trancoso, which implies that Trancoso III was agreed there too.

On the other hand, there are considerations which would seem to favour the date of Spring 1388 for the negotiation of Trancoso III. First, John of Gaunt is known to have left Trancoso early in July 1387. As we have said above, Trancoso II was agreed on 29 June or shortly after, giving little time for the negotiation there of Trancoso III, whilst the relatively minor changes made between Trancoso III and the definitive Treaty of Bayonne suggest chronological proximity.[17] Second, the letter from Joan I of Aragon to Juan I mentioned above, which bears the date of February 1388, refers to Fernando, Juan's second son, as a hostage, a role he is freed from by the terms of Trancoso III. This treaty would therefore seem to postdate the letter from Juan in which he asked for Joan's help. Finally, Trancoso III has added to clause 9 the specific date of 24 June 1387 for the limitation of Castilian naval support to France. This date could have been introduced to restrict the effect of the Treaty of Arnedo between France and Castile, agreed on 2 February 1388, but only if Trancoso III was agreed after this latter date.

These three pieces of evidence in favour of the later period for the negotiation of Trancoso III are not, however, as convincing as they may appear to be. We will deal with them in reverse order. For the above view of the intention of clause 9 of Trancoso III to be correct it would mean that, at Arnedo, Juan I broke the terms of clause 9 of Trancoso I and II, and then, in Trancoso III, broke the terms of the Treaty of Arnedo, an unlikely sequence of events. In fact, examination of the Treaty of Arnedo shows that by its terms Castile did not promise more naval aid to France than had been provided previously, but such aid as had been agreed was merely confirmed and regulated.[18] The date of 24 June was chosen as the date for clause 9 of Trancoso III perhaps simply because that was a date during negotiations at Trancoso. It does not help in establishing the date of Trancoso III.

The letter from Joan I of Aragon is equally inconclusive. As well as the reference to Fernando as hostage, there is mention of a first payment of 200,000 francs to John of Gaunt. Only in Trancoso I, however, is this the stipulated amount of the first payment, which is reduced in subsequent versions to 100,000 francs. This would suggest that the request from Juan I was made after Trancoso I but before Trancoso II, and that Joan I delayed his reply for many months. This is not at all unlikely given the embarrassing nature of Juan's requests and Joan's negative response to them. In short, the evidence of the Aragonese letter shows only that Juan's request probably antedated Trancoso II and Trancoso III. It does not help date this third version of the treaty.[19]

The remaining argument in favour of the later date for Trancoso III is perhaps the most difficult to resolve. There is evidence that John of Gaunt left Trancoso early in July, and Trancoso II was not agreed at least until 29 June. Very little time could have been available to negotiate the radical revision represented by Trancoso III. Nevertheless, it is true to say that Trancoso III is a revision of an existing agreement, with the addition of only one clause, rather than a wholly new treaty. Negotiations at Trancoso during the period in question were evidently intense, and it is not impossible therefore that Trancoso III was agreed in a matter of days. Our other evidence strongly suggests that this was the case.

Broader political considerations, too, suggest that the earlier date for Trancoso III makes more sense. Most of the changes introduced in Trancoso III favour the Lancastrian side, which implies that Gaunt was in a strong position when they were agreed. In July 1387, Gaunt's army lay just beyond the frontiers of Castile, he was closely allied with the Portuguese, and there existed the possibility of reinforcement from England. Besides, sizeable parts of Juan I's kingdom were firmly under the control of Gaunt or his sympathisers. Gaunt represented a serious threat to the war-weary Juan, and was in a position to exact a favourable agreement from him. By the Spring of 1388, the situation had changed. Gaunt had disbanded his army, and posed no direct threat to the frontiers of Castile. He was moreover at loggerheads with the English court. He had, thus, much less leverage than at Trancoso the previous Summer to enable him to demand concessions from Juan. The dates of the documents in Reg. Aven. 251, the evidence of Ayala's chronicle and the strengths and weaknesses of the two parties at the relevant times lead us to conclude, therefore, that Trancoso III dates from July 1387 and that it is the third and final Treaty of Trancoso.

C. *The Treaty of Bayonne*

Our copy of the definitive Treaty of Bayonne concludes with the dates of its ratification. On 8 July 1388 it was ratified by John of Gaunt and his wife, Constanza, and on 17 July of the same year by Juan I of Castile and his sons, Enrique and Fernando. This is, of course, a full year after the completion of Trancoso III, and yet the differences between the two treaties are not very great. The only addition of substance in Bayonne is the stipulation, in clause 14, that, if the annual pension to John of Gaunt and Constanza was not paid for three years in succession, the renunciation of their claims to the throne of Castile would be rescinded. Virtually all other amendments are procedural or legalistic, referring to matters of payment, subsidiary documents, publication of the text, and so on. The changes are less significant than those made between Trancoso I and II, and much less significant than those between Trancoso II and III.

The reason for the delay in reaching a final agreement therefore needs to be examined. Negotiations had not been continuous. They seem to have ceased after Gaunt left Trancoso in July 1387, but they were resumed in Bayonne in January 1388, well before the final ratification. The fundamental reason for the delay is most likely to be found in the financial troubles of Juan I. It is probable that Juan simply could not raise the money required. We know of his begging letter to Joan of Aragon, and of the problems he had at the *Cortes* of Briviesca in December 1387.[20] Comparison of the four versions of the treaty shows that Juan repeatedly succeeded in moving back the date when he was to begin payment of the 600,000 francs he had agreed to pay Gaunt and his wife, until he had gained some fifteen months and negotiated the division of some of the instalments. The financial problems of Juan I are the probable explanation for the delay in concluding the treaty.

There is nothing else in the final Treaty of Bayonne to account for the delay in its conclusion and ratification.

D. Gains and Losses

In the sequence of negotiations which finally produced the Treaty of Bayonne, certain of the changes were inevitably more beneficial to one side than to the other. It is some of these gains and losses in negotiations that we propose to discuss briefly here.

First, it is worth noting that the fundamentals of the agreement were present in Trancoso I, and did not change. They were: the renunciation by John of Gaunt and Constanza of their claims to the throne of Castile in return for a substantial financial settlement, including a pension for the remainder of their lives, and the marriage of their daughter, Catherine, to Enrique, heir to the Castilian throne. Beyond this, variations are numerous. We have already mentioned above the alterations in the dates for payment of the instalments of the settlement, postponed due to Juan's financial difficulties. In these circumstances, it is perhaps not surprising to find that, although both sides made concessions in the negotiations, the Castilian side seems to have had to make the more important ones. Besides delaying dates of payments, Juan succeeded in having the freeing of Pedro I's sons made subject to further agreement (clause 10),[21] and his son Fernando released from being a hostage (clause 8). However, Fernando was instead obliged to remain free of matrimonial links until the coming of age and definitive marriage of Enrique and Catherine, a diplomatic restriction which Juan must have found irksome.[22] In addition to this, Juan also conceded: indemnity and written pardons for the "emperogilados", and restitution of goods to certain groups of them ; three cities in his kingdom to Constanza for life; the right of Gaunt and Constanza to resume their claims to the throne if payments of their pension fell three years in arrears. Smaller concessions were made over Catherine's wedding settlement, hostages, guarantees, and the like. The most significant changes were made between Trancoso II and Trancoso III, as has been said above. The most substantial postponement of dates of payment is also made between these two treaties. One final case of Castilian concession relates to the diplomatic problem of references to Portugal. While John of Gaunt does seem to concede the omission of a reference to the King of Portugal as his ally (only in Trancoso II, clause 22), in the public Treaty of Bayonne, Juan has to omit from his titles that of King of Portugal, surely a matter of greater import, given Castilian pride and ambitions.

The documents we publish below provide a wealth of information about the negotiations that the parties went through, and we leave to other studies further discussion of their motives, successes and failures.

V. Conclusions

Our documents provide a substantial quantity of new historical information about the Treaty of Bayonne, of which we now have four consecutive redactions and some subsidiary documents. Whereas previously it was known only from brief sources of uncertain pedigree, the Treaty now becomes one of the best documented of this period. The new material requires that past interpretations of events be revised in many ways, most of which we do not have the space to deal with here. We do wish, however, to mention two aspects.

Firstly, and most fundamentally, the documents demonstrate quite clearly that the principal negotiations which led to the treaty took place not at Bayonne in 1388, but at Trancoso in June-July 1387. With hindsight, we can see that this is logical, bearing in mind Gaunt's presence at that time with his army just outside the frontiers of Juan's kingdom and the financial difficulties of the King. The negotiations at Bayonne itself seem to have made little difference to the substance of the treaty, although they did increase the formality (and verbosity) of the text, and tie up loose ends.

The second point we would emphasise is the evidence of the trustworthiness of Pedro López de Ayala's *Crónica de Juan I*. Therein, Ayala lists accurately, and in the correct order, the points of agreement found in the Treaty of Bayonne, neither omitting nor adding anything of importance. His accuracy is so great that it suggests that he had a copy of the treaty at hand, and was summarising it as he wrote. The omission of the pardon offered to the "emperogilados" in clause 12, and of the requirement, in clause 19, that Juan I as well as Gaunt and Constanza swear an oath, are the only cases where Ayala might be biased in his summary.[23] The doubts expressed previously by historians about his reliability are shown to have no foundation on this evidence. His summary of the Treaty of Bayonne, the best that we had until the discovery of these documents, was a full and trustworthy one.

VI. The Transcription of the Documents

In the transcription of the documents, the original spellings of words, however inconsistent, have been respected, except in the following cases: abbreviations have been expanded without indication; consonantal *u* and *i* have been rendered as *v* and *j* and vocalic *v* and *j* as *u* and *i*; punctuation and capitalisation have been regularised; and the numeration of clauses has been introduced when absent in the original. Where words are split or conflated, the forms in the manuscript have been respected.

NOTES TO THE INTRODUCTION

1. For this period, see, above all, P. E. Russell, *English Intervention in Spain and Portugal in the Time of Edward III and Richard II* (Oxford, 1955); for Castile, see Luis Suárez Fernández, "Castilla, 1350-1406", in *Historia de España*, directed by Ramón Menéndez Pidal, vol. XIV, Luis Suárez Fernández and Juan Reglá Campistol, *España cristiana. Crisis de la Reconquista. Luchas civiles* (Madrid, 1966), pp. 1-378. See also: G. Daumet, *Etude sur l'alliance de la France et de la Castile aux XIVe et XVe siècles* (Paris, 1898); R. Delachenal, *Histoire de Charles V*, 5 vols (Paris, 1909-31); A. Gutiérrez de Velasco, "Los ingleses en España (siglo XIV)", *Estudios de la Edad Media de la Corona de Aragón*, 4 (1951), 215-319; L. Suárez Fernández, *Juan I de Castilla*, 2nd edn (Madrid, 1979).
2. On John of Gaunt, see S. Armitage-Smith, *John of Gaunt, King of Castile and Leon, Duke of Aquitaine and Lancaster, Earl of Derby, Lincoln and Leicester, Seneschal of England* (London, 1904).
3. On the Schism in the Church, see N. Valois, *La France et le grand Schisme d'Occident*, 4 vols (Paris, 1896-1902); E. Perroy, *L'Angleterre et le grand Schisme d'Occident* (Paris 1933); L. Suárez Fernández, *Castilla, el Cisma y la crisis conciliar, 1378-1440* (Madrid, 1960); J. J. N. Palmer, *England, France and Christendom, 1377-1399* (London, 1972).
4. John of Gaunt's son by his first wife, Blanca, became Henry IV in 1399. Constanza was Gaunt's second wife. See J. L. Kirby, *Henry IV of England* (London, 1970).

5. The Treaty of Bayonne was completed on 17 July 1388, the Truce of Leulingham on 18 June 1389, and the Castilian-Portuguese agreement on 23 December 1389. See Russell, *English Intervention*, pp. 524, 529; Suárez, "Castilla", pp. 280-82. See also, L. Suárez Fernández, *Relaciones entre Portugal y Castilla en la época del infante don Enrique* (Madrid, 1960).
6. See note 3, and J. J. N. Palmer, "England and the Great Western Schism, 1388-1399", *English Historical Review*, 83 (1968), 516-22.
7. Pedro López de Ayala, *Crónica del rey don Juan I*, in *Crónicas de los reyes de Castilla*, edited by Cayetano Rosell, 3 vols, Biblioteca de autores españoles, 66, 68, 70 (Madrid, 1875-78), II, 65-159; Treaty of Bayonne in pp. 118-20. Ayala was the source for the medieval Portuguese chronicler Fernao Lopes. See *Chronica del rey don Joam I*, 3 vols (Lisbon, 1644), II, 264-67. On Ayala, see L. Suárez Fernández, *El canciller don Pedro López de Ayala y su tiempo (1332-1407)* (Vitoria, 1962).
8. An extract from the letter, known only in an eighteenth-century transcript, is reproduced in Russell, *English Intervention*, pp. 573-74. For doubts about Ayala, see Russell, pp. 505-07, and J. B. Sitges, *Las mujeres del rey don Pedro I de Castilla* (Madrid, 1910), pp. 118-20. Our documents show that the letter is inaccurate not Ayala.
9. See Russell, *English Intervention*, p. 506; Perroy, *L'Angleterre*, pp. 255-56. Harley 431 is probably a copy of one of the subsidiary documents referred to in clauses 28 and 29 of the Treaty of Bayonne, and would have been approved at the same time as the treaty.
10. See Ayala, *Crónica*, p. 117, and the letter in Perroy, *L'Angleterre*, pp. 411-12. See also Russell, *English Intervention*, pp. 490-502; Suárez, "Castilla", p. 276.
11. On the Avignon registers, see L. E. Boyle, *A Survey of the Vatican Archives and of its Medieval Holdings* (Toronto, 1972).
12. The collection is described in W. H. Black, *Catalogue of Arundel Manuscripts in the College of Arms* (London, 1829), pp. 74-90.
13. Reg. Aven. is, of course, an Avignon volume, and Castile, unlike England, favoured the Avignon popes.
14. One small difference is also found in clause 11, where Trancoso II omits a reference to restitution of goods to Gaunt's supporters. This is certainly an unintentional omission, given its content.
15. Certain documents have annotations which date from subsequent years of Clement's papacy, but no document as such is dated outside the ninth year.
16. See Ayala, *Crónica*, p. 117.

17. Little contact seems to have taken place between the two sides in the period from July 1387 until serious negotiations began at Bayonne in January-February 1388. See Ayala, *Crónica*, pp. 111-14, 117; Russell, *English Intervention*, pp. 435-38, 490-93.
18. The Treaty of Arnedo and the previous Franco-Castilian treaty are published in Le marquis Terrier de Loray, *Jean de Vienne, amiral de France, 1341-1396* (Paris, 1877). The Treaty of Arnedo was to confirm and regulate the aid to be supplied in 1388, and did not break the Trancoso agreements.
19. It is true that in both Trancoso II and Trancoso III a second payment of 100,000 francs did have to be made one month after the first, so that 200,000 francs were payable in a short period of time. Nevertheless, the evidence of the letter remains unhelpful in dating Trancoso III.
20. See Russell, *English Intervention*, pp. 496-99; Suárez, "Castilla", pp. 275-76; and documents from the *Cortes* in *Cortes de los antiguos reinos de León y Castilla*, 7 vols (Madrid, 1861-1903), II, 359-407.
21. Despite the intentions expressed in the treaty, this matter seems never to have been settled, and Pedro's sons remained imprisoned. The treaty shows, however, that they were not totally ignored by Gaunt and Constanza, as some historians have suggested.
22. See Trancoso III, clause 3. Enrique did not come of age until 4 October 1393.
23. Most of what Ayala has left out in summarising is legalistic verbiage. He has added to the content of the treaty the names of hostages and the fact that they returned home safely, obviously not citing the treaty. In the chapter following his summary of the main treaty, Ayala lists other points agreed at Bayonne, including the granting of the title of Príncipe de Asturias to the heir to the throne, a custom that still applies. Historians have thought that these formed part of the Treaty of Bayonne, but it is clear from our documents that they must have been subsidiary agreements. See Russell, *English Intervention*, pp. 508-09.

DOCUMENTS

1. Powers of John of Gaunt's Ambassadors

[Reg. Aven. MS 251, fol. 353r]
Copia.
Este es traslado bien e fielmente sacado por auctoridat de Alvar Martinez, doctor en decretos e oydor de la audiençia del rey, e dize asi:

Sepan quantos esta carta de procuracion bieren como Nos don John, por la gracia de Dios rey de Castilla, de Leon, de Toledo, de Gallizia, de Sevilla, de Cordova, de Murçia, de Jahen, del Algarve, de Algezira, duc de Alancastre e señor de Vizcaya e de Molina, e doña Costança, reyna de los dichos regnos, duquessa de Alancastre, fija primera heredera del muy noble e alto rey don Pedro, que Dios perdone, rey que fue de los dichos regnos, Nos la dicha reyna con auctoridat e liçençia e speçial e expresso consentimiento del dicho rey e duc mi marido, la qual auctoridat e liçençia e expresso consentimiento Nos el dicho rey e duc de Alancastre damos e otorgamos de buena voluntad a Nos la dicha doña Costança reyna e duquessa sobredicha, anbos en uno e cada uno de Nos por ssy, otorgamos e conosçemos que fazemos e estableçemos nuestros suffiçientes procuradores, negociorum gestores e embaxadores los honrrados cavalleros Mossen Thomas Persy e Mossen John Trayli amos en uno e cada uno dellos por ssy insolidum, e damos e otorgamos a ellos e a cada uno dellos lleno e complido, suffiçiente e speçial poder, para que por Nos e en nuestro nonbre puedan tractar e tracten con don John fijo de don Enrrique, detentor de los dichos nuestros regnos, nuestro adversario, en su presençia e con aquel o aquellos que por el fueren sobresto assignados, todas maneras de tractos e concordias e abenençias que puedan ser fechos e tractos e concordados entre Nos e el dicho don John nuestro adversario sobrel debate e la question que es entre

Nos e el dicho nuestro adversario sobre la propiedat e señorios de los dichos regnos e señorios, e para que puedan affinar e affirmar todo lo que sobresta razon tractaren e acordaren, aunque lo que tractaren e acordaren sea enagenamiento e renunçiamiento de los dichos regnos e señorios e çession e translaçion del derecho que Nos o qualquier de Nos avemos en los dichos regnos e señorios, assi de graçia como de transaçion o por otra razon qualquier que a ellos e a cada uno dellos bien visto les sera, en guisa e en manera que el debate e guerra que es entre Nos e el dicho nuestro adversario sobrel derecho de los dichos regnos çessen, todavia quedando a salvo las lyas e amistanças que Nos avemos con nuestro sobrino el rey de Inglaterra e con todos los otros nuestros alyados, las quales non entendemos quebrantar ni menguar; e para que por Nos e en nuestro nonbre tracten e afirmen con el dicho nuestro adversario e con el infante don Enrrique su fijo primogenito heredero que se faga matrimonio por palabras legitimas de presente entre el dicho don Enrrique su fijo e la noble doña Catherina nuestra fija e heredera; e para Nos obligar a entregar la dicha doña Catherina al dicho rey de Castiella quando e en la manera que bien visto sera a ellos e cada uno dellos; e para abenir e componer entre Nos e el dicho nuestro adversario sobrel debate que es entre Nos e el sobrel señorio de los dichos regnos e señorios en la guisa que bien visto les sera a ellos e a cada uno *[353v]* dellos;[1] e para que los dichos nuestros procuradores Nos obliguen a traspassar e renunçiar en el dicho nuestro adversario e en sus suçessores todo el derecho que Nos e qualquier de Nos avemos en los dichos regnos e señorios por la manera e forma que entre ellos fuere acordado assi que por la dicha rrazon non fagamos guerra daqui adelant contra el dicho nuestro adversario nin contra los dichos nuestros regnos e seamos amigos, salvas las dichas ligas; e para rreçebir qualesquier promissiones e obligaçiones qualesquier que el dicho nuestro adversario nos faga sobre esta razon; e para fazer, çerca de todo lo que dicho es, todas las cosas e cada una dellas que Nos mesmos si presentes fuessemos podriamos fazer, aunque sean tales que requieran speçial mandado e aunque sean mayores que las cosas en esta procuraçion contenidas; e para que en nuestras animas e en cada uno de Nos ellos e qualquier dellos puedan fazer qualquier e qualesquier juramento e juramentos que para firmeza de todo lo que por ellos e cada uno dellos fuere firmado en nuestro nonbre sobre la dicha razon pertenesca; e para reçebir firmezas e promissiones, juramento e juramentos del dicho nuestro adversario e del dicho su fijo e de qualquier dellos que firmeza de lo que dicho es pertenesca,[2] o otro o otros qualquier o qualesquier juramento e juramentos que el dicho nuestro adversario aya de fazer que a Nos pertenezca de reçebir. E todo lo que por los dichos nuestros embaxadores e procuradores e por cada uno dellos en lo sobredicho o çerca e dependiente dello fuere firmado e jurado, aunque sean lyas e amistanças entre Nos el dicho rey e el dicho adversario, Nos prometemos en nuestra buena ffe rreal de lo aver por firme e por estable para todo tienpo assi como si Nos mesmo lo firmassemos e jurassemos, e non vernemos contra ello nin contra parte dello en algunt tienpo por alguna manera. E damos poder conplido a los dichos embaxadores e a cada uno dellos para fazer e otorgar por Nos e en nuestro nonbre tales cartas e instrumentos quales ellos entendieren que cunple en la dicha razon; e para obligar para ello e por ello a Nos e a todos nuestros bienes doquier que sean; e para someter Nos a toda çensura de Santa Eglesia con aquellas clausulas e condiçiones que para seguridat de los dichos tractos e concordia ellos e cada uno dellos entendieren que cunple. E relevamos a los dichos nuestros procuradores de toda carga de satisdaçion so obligaçion de los nuestros bienes e de los bienes de los nuestros rregnos. E desto les mandamos dar esta nuestra carta firmada de nuestros nonbres e mandamos la sçellar con nuestros sellos de la poridat en pendiente. Dado en Troncoso, villa del regno de Portugal, diez dias de junio, era de mill e quatroçientos e veynte çinco años. Nos el rey, la reyna. Fue sacado este traslado en Çamora, .xxx. dias de junio, año del nasçimiento de Nuestro Salvador Jhesu *[354r]* Christo de mill .ccclxxxvii. años.

Notary's Declaration

Et ego, Thomas Pays, clericus Lincolniensis diocesis, publicus auctoritate apostolice notarius, dictum mandatum procuratorium vidi originale, duobus sigillis munitum, quequidem sigilla sunt constituencium infrascriptorum, prout dominus Thomas Percy et dominus Johannes Trayli infrascripti asserverunt. De presenti copia cum dicto originali in presencia venerabilis et discreti domini Alvari Martini, decretorum doctoris, collacionem feci diligentem. Et quia istud transcriptum cum dicto originali concordat, ideo de mandato et auctoritate predicti Alvari, domini regis Castelle et Legionis vicecancellari, ipsius audiencie auditoris infrascripti, et signum meum apposui in fidem et testimonium premissorem.
Alvar Martinez doctor.

2. First Treaty of Trancoso

In nomine Sancte et Individue Trinitatis, Patris et Filii et Spiritus Sancti, unde cuncta bona procedunt et omnium elementorum disposiçio in orbem terrarum est producta, que tractatibus istis bonum principium, melius medium et peroptimum finem sui gratia tribuere dignetur. Amen.

Pacis actor non bene colitur nisi pacis tempore.[3] Ideo ad eius servicium ac honorem, ut dura guerrarum commocio pacis emulo instigante diu agitata inter dominum Johannem regem Castelle, Legionis et Portugalie, filium domini Enrrici quondam regis Castelle et Legionis, ex parte una, et dominum Johannem ducem Lancastrie, filium domini Eduardi quondam regis Anglie, pro se et domina Constancia uxore sua ex parte alia, super jure et dominio regnorum Castelle et Legionis, Toleti, Gallecie, Sibilie, Cordube, Murçie, Giennii, Algarbii et Algezire, et dominii de Moline et Lare et Viscaye, necnon civitatum, villarum, castrorum, locorum et terrarum in eisdem consistencium, actore Rege Pacifico qui pacem suis discipulis reliquit,[4] sedetur et penitus extinguatur, semper tamen salvis ligis et confederationibus quibus dictus rex Castelle, Legionis et Portugalie regi Francie et aliis sibi colligatis tenetur, et salvis ligis quibus idem dominus dux regi Anglie et aliis sibi colligatis est obligatus, fuerint tractatus sub hac forma:

i. Primo: quod uterque supradictorum, tam rex Castelle, Legionis et Portugalie quam dux Lancastrie, jurabunt ad Sancta Dei Evangelia, corporaliter manibus cuiuslibet eorum tacta, quod fideliter laborabunt, fraude et dolo cessantibus quibuscumque, pro unitate Sancte Matris Ecclesie, ita quod sit unus pastor et unum ovile,[5] operam dando conçilio generali vel aliis modis congruentibus quibus Ecclesia ad unitatem reducatur.

ii. Item: quod uterque eorum fideliter laborabit pro pace vel longa treuga inter regem *[354v]* Francie et ipsum dominum Johannem regem

Castelle, Legionis et Portugalie ex parte una, et regem Anglie ex parte alia, inienda modis omnibus sibi liçitis quibus poterunt bono modo.

iii. Item: quod uterque eorum, tam rex Castelle, Legionis et Portugalie quam dictus dominus dux Alencastrie et domina Constancia eius uxor, jurabunt ad Sancta Dei Evangelia, manibus cuiuslibet eorum tacta, quod dabunt operam et fideliter laborabunt, fraude et dolo cessantibus quibuscumque, quod matrimonium contrahatur per verba legitima de presenti inter dominum Henrricum infantem filium primogenitum et heredem dicti regis Castelle ex parte una, et nobilem dominam Catherinam filiam dicti domini duçis Lancastrie et domine Constancie eius uxoris ex parte alia; et quod dictum matrimonium solemnizabitur in facie Ecclesie infra duos menses immediate sequentes cumputandos a tempore que eadem domina Catherina in eiusdem regis Castelle, Legionis et Portugalie potestate fuerit constituta.

iiii. Item: quod idem dominus Johannes rex Castelle, Legionis et Portugalie faciet donacionem propter nupcias eidem filio suo domino Henrrico et dicte domine Catherine pro oneribus huiusmodi matrimonii sustentandis locorum et terrarum infrascriptorum, videlicet: civitatis de Soria, et ville de Almaçano, et ville de Atiença, et ville de Deça, et ville de Molina cum omnibus suis territoriis, que omnia tenebuntur et gubernabuntur per eundem infantem vel eius nomine. Et nichilominus, dicta domina Catherina, postquam eidem regi fuerit tradita, tenebitur in bono statu et securo ad expensas dicti domini regis per illos qui per eundem regem vel per dictum ducem Lancastrie ad hoc fuerint deputati, quos ipse dux magis duxerit eligendos, usque ad tempus quo dictum matrimonium fuerit per carnis copulam consummatum. Et si forte (quod Deus avertat) contingat quod dictus dominus infans premoriatur, ipsa domina Catherina superstite, quod ipsa teneat et gubernet dicta loca et terras sub dominio et superioritate dicti regis Castelle, Legionis et Portugalie, et quod eadem domina Catherina de eorum redditibus sustentetur totis temporibus vite sue. Qua defuncta, predicta loca et terre cum omnibus suis juribus et pertinenciis ad dictum dominum regem Castelle, Legionis et Portugalie et eius coronam libere revertantur. Et predicta donacio fiet infra duos menses immediate sequentes a tempore quo dicta domina Catherina in dicti regis Castelle, Legionis et Portugalie fuerit tradita potestate.

v. Item: infra spacium duorum mensium predictorum idem rex faciet dictam dominam Catherinam jurari in suis curiis solemniter celebrandis, ut est moris, quod post obitum eiusdem regis, cum dictus dominus infans fuerit assumptus et receptus in regem, eadem domina Catherina recipietur et habebitur pro regina tanquam uxor dicti domini Enrrici tunc regnantis et pro eo tempore quo ipse regnans vixerit in humanis.

vi. Item: quod idem dominus rex Castelle, Legionis et Portugalie, per se vel ministros suos, solvet eisdem dominis duci et ducisse vel alii sive aliis de eorum mandato sexcenta milia francorum currencium nunc in regno Francie, boni auri et legitimi ponderis, quorum *[sexaginta et quatuor]*[6] facient[7] unam marcham auri, vel solvet eorum pondus vel valorem in auro, in hunc modum: ducenta milia francorum in fine octo dierum currencium a tempore quo dicta domina Catherina *[355r]* filia dicti domini Johannis ducis Lancastrie et domine Constancie eius uxoris fuerit tradita realiter et de facto dicto domino Johanni regi Castelle, Legionis et Portugalie vel aliis de eius mandato in loco securo; alia vero ducenta millia francorum in fine tresdecim mensium computandorum a tempore dicte tradicionis domine Catherine; alia vero ducenta millia francorum in fine unius anni currentis a fine predictorum .xiii. mensium. Ita quod tota solucio dictorum sexcentorum millium francorum fieri debet in duobus annis et diebus .xxx. et novem; ita quod tempus istud incipiat currere a tempore quo dicta domina Catherina fuerit tradita in potestate dicti domini regis Castelle, Legionis et Portugalie, ut superius est expressum.

vii. Item: quod dominus rex solvet vel solvi faciet eidem domino Johanni duci Lancastrie et eidem domine Constancie uxori sue quadraginta millia francorum annuam currencium nunc in Francia, boni auri et ponderis legitimi, quorum *[sexaginta et quatuor]*[8] faciunt unam marcham auri, vel solvet eorum pondus vel valorem in auro, dum ambo, scilicet dominus Johannes dux Lancastrie et dicta domina Constancia eius uxor, vixerint in humanis. Altero vero eorum sublato de medio, predicta summa .xl. millia francorum annuam per dictum dominum regem superstiti eorum totis temporibus vite sue persolvatur.[9] Ambobus vero defunctis, scilicet domino duce et domina ducissa, abinde in antea dictus dominus rex predictam summam nemini de mundo solvere teneatur in toto nec in parte. Predicta vero solucio dictorum .xl. millium francorum fiet in hunc modum: in medietate anni cuiuslibet fiet solucio viginti millium francorum, in fine autem anni cuiuslibet fiet solucio aliorum .xx. millium francorum, et sic solucio cuiuslibet anni perficietur. Predicta vero solucio, tam istorum quadraginta millium francorum quam aliorum sexcentorum millium francorum, fiet in loco vel locis ubi per dictum dominum Johannem regem Castelle ex parte una, et per nobiles milites dominum Thomam de Persi et dominum Johannem Trayli, ambaxiatores dictorum ducis et ducisse eius uxoris, ex parte alia, fuerit concordatum. Annus vero ad solvendum predictam summam annuam .xl. millium francorum in presenti capitulo nominatam incipiet a tempore quo isti tractatus et convenciones fuerint publice et palam per utrumque[10] partem firmitati[11]. Et pro hiis .xl. millibus francorum annuis solvendis dictus dominus rex obligabit se sub ypotheca bonorum suorum et bonorum regnorum eius, et de hoc fiet validum et publicum instrumentum ad consilium peritorum dicti domini ducis, substantialibus non mutatis.

viii. Item: dictus dominus dux Lancastrie et dicta domina Constancia eius uxor, similiter et in eodem tempore quo dictus dominus rex tradiderit vel traddi fecerit eidem domino Johanni duci Alancastrie filium suum dominum Fernandum secundogenitum tenendum in obsidem et obstagium, tam pro securitate persone dicte domine Catherine filie dictorum ducis et ducisse quam pro solvendis dictis .dc. millibus francorum, tunc dictus dominus dux et domina Constancia eius uxor et eorum quilibet tradent dictam dominam Catherinam in potestate dicti domini regis Castelle, Legionis et Portugalie vivam in loco securo, ut in istis tractatibus continetur; et tunc dictus dominus Johannes duchs Lancastrie et dicta domina Constancia eius uxor et quilibet eorum transferent totum jus, si quod habent ambo et eorum quilibet vel alter, in regnis *[355v]* Castelle, Legionis, et Toleti, Gallecie, Sibilie, Cordube, Murcie, Giennii, Algarbii, Algezire, et dominiis de Molina et Vizcaye et Lare, et renunciabunt eidem juri in predictum dominum Johannem regem Castelle, Legionis et Portugalie et in suos successores ab eo legitime et per rectam lineam descendentes, sub forma in istis tractatibus contenta, cum condicione si dictus dominus rex adimpleverit omnia et singula in istis tractatibus contenta que per eundem fuerint adimplenda. Set cum dictum matrimonium fuerit in facie Ecclesie solempnizatum inter dictum infantem dominum Enrricum et dictam dominam Catherinam et donacio propter nupcias eisdem fuerit facta, prout in istis tractatibus continetur, ac ducenta millia francorum fuerint eisdem dominis duci et ducisse per eundem dominum regem vel alium vel alios de eius mandato persoluta, tunc idem dominus Johannes dux Lancastrie et domina Constancia eius uxor et quilibet et alter eorum transferent simpliciter et sine condicione jus totum, si quod habent ambo et eorum quilibet vel alter, in dictis regnis et dominiis eciam in dictum dominum Johannem regem Castelle, Legionis et Portugalie et suos successores ab eo per rectam lineam legitime descendentes, et renunciabunt eidem juri, si quod habent, in predictis simpliciter et sine condicione in predictum dominum Johannem regem Castelle, Legionis et Portugalie et in suos successores ab eo per rectam lineam legitime descendentes, sub forma in istis tractatibus contenta; hoc tamen adhibito moderamine quod, cum dictus dominus Johannes rex Castelle, Legionis et Portugalie vel alius eius nomine solverit eisdem duci et ducisse vel aliis de eorum mandato ducenta millia francorum primo solvenda, ut est dictum, et cum dictum matrimonium fuerit de facto solemnizatum in facie Ecclesie inter dictum dominum infantem minorem .xiiii. annis et dictam dominam Catherinam, et fuerit eisdem facta donacio propter nupcias per dictum dominum regem Castelle, Legionis et Portugalie certorum locorum et terrarum, prout in istis tractatibus continetur, et cum idem dominus rex tradiderit vel tradi fecerit eidem domino duci vel aliis de eius mandato sufficientes personas in obsides sive obstagia pro solvendis sibi et dicte domine ducisse alia quatuorcenta millia francorum residua in temporibus superius assignatis in capitulo de ista materia loquente, tunc dictus dominus infans Fernandus sit liberatus ab obside et obstagio iam dictis, et idem dominus dux dictum dominum Fernandum restituet et realiter et de facto tradet vel tradi faciet dicto domino Johanni regi Castelle, Legionis et Portugalie vel aliis de eius mandato, taliter quod libere possit duci in regnum Castelle quo dictus rex pater suus mandaverit; verum si iste persone sic date in obsides vel aliqua vel alique earum fuerint mortue, quod dictus dominus rex remaneat obligatus ut ante mortem eius vel earum obligabatur, et idem dominus rex teneatur tradere eisdem dominis duci et ducisse alia ostagia personarum sufficientium pro solvendis summis francorum residuis et restantibus eo tempore ad solvendum de sexcentis milibus francorum antedictis.

  ix. Item: idem dominus Johannes rex Castelle, Legionis et Portugalie juvabit regem Francie contra regem Anglie per mare cum eo numero galearum et navigiorum qui in tractatibus et ligis inter dictos dominos regem Castelle et regem Francie firmatis continetur; et non juvabit dictum regem Francie contra regem Anglie *[356r]* per mare cum majori numero galearum et navigiorum quam in dictis ligis et tractatibus continetur.

  x. Item: dictus dominus rex Castelle, Legionis et Portugalie absolvet a vinculis quibus tenentur dominos Sancium et *[Didacium]*[12] filios domini Petri quondam regis Castelle et dominum Petrum filium domini Fernandi de Castro infra duos annos proximos sequentes computandos a die quo iddem matrimonium inter dictum infantem dominum Enrricum et dictam dominam Catherinam fuerit in facie Ecclesie solemniter celebratum, et faciet eis mercedes unde honeste vivere possint. Et dicto domino Petro mandabit restitui bona que fuerunt patris sui que ipse perdidit pro eo quod vocem tenuit domini regis Petri vel dicti ducis vel dicte domine Constancie uxoris eius. Si vero alio modo dicatur eadem bona perdidisse vel ad dictum Petrum eius filium non pertinuisse, rex mandabit ei fieri justicie complementum.

  xi. Item: dictus dominus rex indulgebit et parcet omnibus civitatibus, castris et villis et in eis habitantibus, et baronibus et militibus et aliis personis quibuscumque qui eidem domino duci et domine ducisse eius uxori et eorum vocem tenuerunt postquam idem dux intravit Galleciam usque nunc, et mandabit eis restitui omnia bona que possidebant tempore quo dictis dominis duci et ducisse adheserunt.

xii. Item: dictus dominus rex generaliter indulgebit et parcet omnibus qui cum dicto domino rege Petro tenuerunt et dictis dominis duci et ducisse antequam intrarent Galleciam adheserunt.

xiii. Item: dictus dominus Johannes dux Lancastrie et dicta domina Constancia eius uxor jurabunt ad Sancta Dei Evangelia, corporaliter manibus suis tacta, quod jus, si quod habent vel habere pretendent vel habuerunt vel habere pretenderunt ambo et eorum quilibet vel alter eorum, in regnis Castelle, Legionis, Toleti, Galecie, Sibilie, Cordube, Murcie, Giennii et Algarbii et Algezire, et in dominiis de Lare et Viscaye et Moline vel in eorum parte, et in civitatibus, villis, castris, locis, et in naturalibus et naturalitatibus eorumdem et in habitantibus in eisdem non alienaverunt nec obligaverunt ambo vel eorum alter per se nec per alium in parte nec in toto nec eciam renunciaverunt eidem juri in toto nec in parte.

xiiii. Item: dictus dominus Johannes dux Lancastrie, filius domini Eduardi quondam illustris regis Anglie, et dicta domina Constancia, eius uxor et filia domini Petri quondam regis Castelle, de dicti domini ducis voluntate, consensu et licencia expressis, quam licenciam, voluntatem et consensum dictus dominus dux eidem Constancie prebebit expresse, et uterque eorum transferent in dominum Johannem regem Castelle, Legionis et Portugalie, filium domini Enrrici quondam illustris regis Castelle et Legionis, et in suos successores de corpore suo per rectam lineam legitime descendentes, et cedent et renunciabunt eidem domino Johanni regi et dictis successoribus suis, transaccionis et amicabilis composicionis cause, totum et omne jus, si quod habent et quilibet et eorum alter et eis competit et cuilibet et eorum alteri quolibet titulo, occasione vel causa, in regnis Castelle, Legionis, Toleti, Gallecie, Sibilie, Cordube, Murcie, Giennii, Algarbii et Algezire, et in dominiis Lare, Viscaye et Moline et in eorum aliquibus vel aliquo, et in omnibus et singulis dominiis *[356v]* et terris, civitatibus, villis, castris, fortaliciis et locis eorumdem regnorum et dominiorum, et naturalibus et naturalitatibus eorumdem et in habitantibus in eisdem et in quolibet eorum, sub hac forma, scilicet: quod dictus dominus Johannes rex Castelle, Legionis et Portugalie habeat totum et omne jus et dominium plenum in predictis regnis et dominiis et omnibus aliis supradictis et eorum singulis, si quod habent vel habuerunt vel habere potuerunt dictus dominus dux et dicta domina Constancia eius uxor et quilibet et eorum alter et ad eos et quemlibet vel eorum alterum pertinet vel pertinuit quovismodo, ut illud habeat dictus dominus Johannes rex Castelle, Legionis et Portugalie jure dominii et regio totis temporibus vite sue; et post mortem suam quod habeat illud jus et plenum dominium in omnibus dictis regnis et dominiis et aliis supradictis et eorum singulis dominus Enrricus, filius primogenitus dicti regis, jure dominii et regio totis temporibus vite sue; et post mortem dicti domini Enrrici quod habeant illud jus et plenum dominium in predictis regnis et dominiis et omnibus aliis supradictis et eorum singulis jure dominii et regio eius successores de corpore suo et ex dicta domina Catherina, filia dicti domini ducis et domine Constancie uxoris eius, que cum eodem infante, Deo dante, contrahet matrimonium, eciam si nepotes et alii inferioris gradus existant; et si ipsa domina Catherina decesserit sine liberis ex dicto domino infante procreandis (quod Deus avertat) quod habeant illud jus et plenum dominium jure dominii et regio alii successores dicti domini infantis Enrrici per rectam lineam ex legitimo matrimonio de eius corpore descendentes, eciam si nepotes et alii inferioris gradus existant; quibus non stantibus, quod habeat dictum jus et plenum dominium in predictis regnis et dominiis et omnibus aliis supradictis et eorum singulis jure dominii et regio infans dominus Fernandus, secundogenitus dicti regis Castelle, Legionis et Portugalie; et post eius mortem habeant illud jus sui legitimi successores per rectam lineam de eius corpore descendentes, eciam si nepotes et alii inferioris gradus existant; eo vero defuncto sine liberis per dictum modum ab eodem descendentibus, quod tunc predictum jus et plenum dominium habeant jure dominii et regio successores alii legitimi per rectam lineam de corpore dicti domini Johannis regis Castelle, Legionis et Portugalie descendentes; quo defuncto sine liberis per dictum modum ab eodem descendentibus, predictum jus et plenum dominium, si quod habent vel habuerunt vel potuerunt habere dictus dominus dux et dicta domina ducissa eius uxor et eorum quilibet vel alter, pertineat et revertatur ad dictum dominum Johannem ducem Lancastrie et ad dictam dominam Constanciam eius uxorem et eorum quemlibet, si nunc ad eos vel eorum quemlibet vel tunc sibi competierit.

xv. Item: quod dictus dominus Johannes dux Lancastrie et dicta domina Constancia eius uxor vel eorum alter non pretendent jus aliquod habere de facto nec de jure in dictis regnis et dominiis nec in eorum aliquibus vel aliquo, nec in civitatibus, villis, castris, locis, fortaliciis, terris, naturalibus et naturalitatibus supradictis quod actenus pretenderunt vel usque nunc pretendere poterant quovismodo; ymmo nunquam ea ratione, occasione vel causa per se vel alium vel alios dicta regna et dominia, civitates, villas, castra, fortalicia, loca et terras dictorum regnorum et dominiorum vel aliquod eorum intrabunt vel invadent, nec dicta occasione vel causa in eis vel eorum aliquibus vel aliquo nec in parte eorum guerram facient nec fieri procurabunt nec mandabunt. Et ista omnia et singula *[357r]* facient dictus dominus Johannes dux Lancastrie et dicta domina Constancia eius uxor et eorum quilibet, cum juramentis et omagiis et promissionibus de non contraveniendo, sub gravissimis penis et submissione censure Sancte Matris Ecclesie.

xvi. Item: quod idem dominus Johannes dux Lancastrie et dicta domina Constancia eius uxor et eorum quilibet libere remittant et tradant et restituant eidem domino Johanni regi Castelle, Legionis et Portugalie omnia et singula loca, eciam si civitates, fortalicia, castra et ville existant, que dictus dominus dux et dicta domina Constancia eius uxor et quilibet vel alter eorum tenent per se vel per alios in dictis regnis et dominiis, signanter in regno Gallecie, et tali modo quod dictus dominus rex possit illis uti ut solebat antequam dictus dux et domina Constancia eius uxor in Galleciam devenirent.

xvii. Item: quod dictus dominus Johannes dux Lancastrie et dicta domina Constancia eius uxor et eorum quilibet relaxent omnia juramenta, promissiones et homagia que sibi vel eorum alteri fecerunt regna et dominia predicta, castra, ville, civitates, fortalicia et quecumque alia loca in dictis regnis et dominiis consistencia, et prelati et barones et milites et quecumque alie persone dictorum regnorum et dominiorum cuiuscumque condicionis, preheminencie et dignitatis existant et quocumque nomine censeantur, sive dicta juramenta, promissiones et homagia sint facta generaliter vel specialiter, publice vel occulte.

xviii. Item: idem dominus Johannes dux Lancastrie et domina Constancia eius uxor jurabunt ad Sancta Dei Evangelia, corporaliter cuiuslibet manibus eorum tacta, quod uterque eorum non juravit de non alienando jus predictum vel eius partem, vel de non renunciando eidem juri; et si alienassent vel renunciassent, non jurarunt de *[non]*[13] revocando predictam alienacionem vel renunciacionem.

xviiii. Item: idem dominus dux et domina Constancia eius uxor jurabunt non petere relaxacionem vel dispensacionem omnium juramentorum vel alicuius vel aliquorum eorum in istis tractatibus contentorum.

xx. Item: dicti domini dux et ducissa jurabunt quod dictum dominum infantem Fernandum, sibi dandum in obsidem et hostagium, in bono statu et sibi decenti et securo tenebunt et eius vitam et salutem possetenus conservabunt quamdiu in eorum vel alterius eorum potestate fuerit retentus.

xxi. Item: dictus dominus dux et dicta domina Constancia eius uxor et uterque eorum tradent dictam dominam Catherinam filiam suam in potestate dicti domini Johannis regis Castelle, Legionis et Portugalie usque ad .xl. dies immediate sequentes computandos a tempore firmacionis publice et publicacionis horum tractatuum, fiende de consensu partis utriusque, dicto domino Enrrico matrimonio copulandam tempore in istis tractatibus assignato.

xxii. Item: dictus dominus rex Castelle, Legionis et Portugalie contrahet amicicias cum dicto domino Johanne duce Lancastrie eo tempore quo ipse dux tradiderit vel tradere fecerit dictam dominam Catherinam in potestate dicti regis, dicto Enrrico eius filio primogenito *[357v]* matrimonialiter copulandam, salvis et servatis semper ligis, confederationibus et amiciciis quibus idem dominus rex tenetur regi Francie et aliis sibi colligatis, quibus propter dictam amiciciam non intendit in aliquo derogare.

xxiii. Item: quod dominus dux Lancastrie contrahet amicicias cum dicto domino Johanne rege Castelle, Legionis et Portugalie eo tempore in proximo capitulo supradicto, salvis et servatis semper ligis, confederationibus et amiciciis quibus idem dux tenetur regi Anglie et aliis sibi colligatis, quibus propter dictam amiciciam non intendit in aliquo derogare.

xxiiii. Item: pro firmitate horum tractatuum et capitulorum et omnium et singulorum in eisdem contentorum predicti dominus rex et dominus dux et domina Constancia eius uxor et eorum quilibet jurabunt ad Sacrosancta Dei Evangelia, manibus cuiuslibet eorum tacta, quod bona fide, fraude et dolo cessantibus quibuscumque, facient et adimplebunt omnia contenta in istis tractatibus et quodlibet contentorum in eisdem, ita quod quilibet eorum faciat et adimpleat quod per eum debet adimpleri. Et insuper, quilibet eorum fideliter laborabit et procurabit ac dabit consilium, auxilium et favorem ut omnia et singula in istis tractatibus contenta debitum sortiantur effectum.

xxv. Item: tam dictus dominus Johannes rex Castelle, Legionis et Portugalie quam dictus dominus Johannes dux Lancastrie et dicta domina Constancia eius uxor fieri facient de hiis omnibus publica instrumenta solemniora et validiora et fortiora que fieri poterunt ad consilium et ordinacionem peritorum partis utriusque. Verum si una partium per aliam requisita peritos suos dare distulerit, quod dicta instrumenta fiant ad consilium peritorum partis alterius in utroque casu, nichil de substantialibus contentis in istis tractatibus immutando.

Oaths of the Parties

[358r] Primum juramentum.
In villa de Troncoso regni Portugalie, anno a nativitate Domini .mccclxxxvii., duodecima die mensis Junii, in presencia domini Johannis ducis Lancastrie, in camera hospicii ubi protunc manebat, comparuerunt venerabiles et discreti viri frater Fernandus de Ordine Minorum et confessor domini Johannis, Dei gratia illustris regis Castelle, Legionis et Portugalie, et Alvarus Martini decretorum doctor, auditor audiencie dicti domini regis et eius cancellarius, ambaxiatores et procuratores et negociorum gestores eiusdem domini regis, existentibus ibidem nobilibus et strenuis militibus domino Thoma de Persy et domino Johanne Trayli ad hoc per eundem dominum ducem specialiter vocatis; et obtulerunt et presentaverunt dicto domino duci

conveniencias et tractatus suprascriptos. Quibus per eundem visis, mandavit dicto fratri Fernando quod legeret omnia et singula in eius presencia et aliorum suprascriptorum, et tunc idem frater Fernandus legit conveniencias et tractatus predictos. Quibus perlectis et per eundem dominum ducem auditis, intellectis et approbatis, et literis procuratorii et potestatis dictorum ambassiatorum receptis, visis et per eundem dominum ducem diligenter examinatis ad peticionem dictorum ambassiatorum, idem dominus dux juravit ad Sancta Dei Evangelia, manu eius dextera corporaliter tacta, quod servaret, custodiret et adimpleret omnia et singula in dictis convenienciis et tractatibus contenta que per eum spectant observare, custodire et adimplere, et faceret quod domina Constancia eius uxor servaret, custodiret et adimpleret omnia et singula in dictis tractatibus et convenienciis contenta que ad eam spectant servare, custodire et adimplere; insuper, quod prestaret auxilium, consilium et favorem ut omnia et singula in dictis tractatibus et convenienciis contenta observentur et compleantur, fraude et dolo cessantibus quibuscumque, sub hac condicione, videlicet: si dictus dominus Johannes rex Castelle, Legionis et Portugalie juraret in presencia domini Thome Persey et Johannis Trayli, fratris Fernandi et Alvari Martini infra .xii. dies immediate sequentes a die prestiti juramenti computandos servare, custodire et adimplere omnia et singula in eisdem tractatibus contenta que ad eum spectant servare, custodire et adimplere, et prestare auxilium, consilium et favorem quod omnia et singula in prelibatis tractatibus contenta observentur et compleantur. Et mandavit predictis nobilibus militibus domino Thome Persy et domino Johanni Trayli et prefatis venerabilibus fratri Fernando confessori et Alvaro Martini doctori quod huius rei essent testes, coram Deo et hominibus verum testimonium perhibendo.

Et post hec, in civitate Zamorense regni Legionis, anno a nativitate Domini .mccclxxxvii., die .xxiii. mensis Junii, in presencia domini Johannis, Dei gratia illustris regis Castelle, Legionis et Portugalie, in camera domus episcopalis in qua protunc residebat, presentibus ibidem ad hoc specialiter per eundem dominum regem vocatis venerabilibus et discretis viris fratre Fernando de Ordine Minorum eius confessore et Alvaro Martini decretorum doctore et auditore audiencie dicti regis et eius cancellario, comparuerunt nobiles et strenui milites dominus Thomas Persey et dominus Johannes Trayli, ambassiatores et procuratores et negociorum gestores inclitorum dominorum domini Johannis ducis Lancastrie et domine Constancie eius uxoris; et obtulerunt et presentaverunt eidem domino regi conveniencias et tractatus suprascriptos, dicentes *[358v]* quod predictus dominus dux juraverat ad Sancta Dei Evangelia die .xii. mensis et anni predictorum servare et adimplere omnia et singula in dictis convenienciis et tractatibus contenta que ad eum spectabant custodire, servare et adimplere, et facere quod domina

Constancia eius uxor servet et adimpleat omnia et singula in dictis convenienciis et tractatibus contenta que ad eam spectant servare et adimplere, et dare consilium, auxilium et favorem ut omnia et singula in dictis tractatibus contenta serventur et adimpleantur, fraude et dolo cessantibus quibuscumque, sub condicione, videlicet: si idem Johannes rex Castelle, Legionis et Portugalie juret[14] prelibatos tractatus et conveniencias usque ad .xiii. dies completos immediate sequentes computandos a dicta die .xii. mensis et anni predictorum, prout in juramento dicti domini ducis plenius continetur.   Et ei humiliter supplicarunt, quatinus placeret sue dominacioni, conveniencias et tractatus predictos proprio juramento firmare, condicione sub qua dictus dominus dux juraverat adimplendo. Et tunc idem dominus rex legi fecit per dictum confessorem suum prelibatos tractatus et conveniencias.   Quibus perlectis et per eundem dominum regem auditis, intellectis et approbatis, et literis procuratorii et potestatis dictorum ambassiatorum receptis, visis et per eundem dominum regem diligenter examinatis, idem dominus rex Castelle, Legionis et Portugalie juravit ad Sancta Dei Evangelia, manu eius dextera corporaliter tacta, servare, custodire et adimplere omnia et singula in dictis tractatibus et convenienciis contenta que ad eum spectant servare, custodire et adimplere, et dare consilium, auxilium et favorem ut omnia et singula in eisdem tractatibus et convenienciis contenta serventur et compleantur, dictis dominis duce et ducisse et eorum quolibet adimplentibus et servantibus omnia et singula in dictis convenienciis et tractatibus contenta que ad eos et eorum quemlibet spectant servare, custodire et adimplere.   Et mandavit predictis nobilibus militibus domino Thome Persy et domino Johanni Trayli et venerabilibus prefatis viris fratri Fernando confessori et Alvaro Martini doctori quod huius rei essent testes, coram Deo et hominibus verum testimonium perhibendo.

Postea vero, in eadem civitate Zamorense regni Legionis, anno a nativitate Domini .mccclxxxvii., .xxvi. die mensis Junii, in presencia domini Johannis regis Castelle, Legionis et Portugalie, existente in quadam camera domorum episcopi civitatis eiusdem, presentibus ibidem venerabilibus et discretis viris fratre Fernando confessore eiusdem regis et Alvaro Martini decretorum doctore et auditore audiencie dicti regis eiusque cancellario, comparuerunt nobiles milites dominus Thomas Persy et dominus Johannes Trayli, ambassiatores et procuratores et negociorum gestores inclitorum dominorum domini Johannis ducis Lancastrie et domine Constancie eius uxoris, quibus dictus dominus rex presentari fecit predictos tractatus et conveniencias.   Dixitque eis quod predicti tractatus et conveniencie tangebant tam dictam dominam Constanciam quam dictum dominum ducem; et licet dictus dominus dux juraverat omnia et singula in eis contenta, ut plenius in dicto juramento continetur, tamen quod dicta domina Constancia non juraverat dictos tractatus et conveniencias, quare requirebat eosdem quod firmarent et jurarent dictos tractatus et conveniencias nomine et in animam eiusdem domine Constancie uxoris dicti domini ducis. Et tunc dicti ambassiatores, non intendendo recedere a juramento per dictum dominum ducem prestito, cui non intendebant in aliquo derogare, ad majorem roboris firmitatem convenienciarum et tractatuum prefatorum juraverunt ad Sacrosancta Dei Evangelia, *[359r]* manibus suis dexteris tacta, nominibus et in animas predictorum domini Johannis ducis Lancastrie et domine Constancie eius uxoris et nomine et in animam cuiuslibet eorum, per potestatem quam fungebantur in hac parte, quod predicti dominus dux et domina Constancia et eorum quilibet servabunt, custodient et adimplebunt omnia et singula in dictis tractatibus et convenienciis contenta que ad eos et eorum quemlibet spectant servare, custodire et adimplere; insuper, quod predictus dominus dux et domina Constancia et eorum quilibet dabunt consilium, auxilium et favorem quod omnia et singula in istis tractatibus et convenienciis contenta serventur, custodiantur et adimpleantur. Et tunc dictus dominus rex admisit predictum juramentum, cum protestacione de non recedendo a juramento per eundem dominum ducem personaliter prestito, cui per huius juramenti recepcionem non intendit in aliquo derogare.

3. Amendments to the First Treaty

In civitate Zamorense regni Legionis, anno a nativitate Domini millesimo trecentesimo octuagesimo septimo, die .xxix. mensis Junii, in presencia domini Johannis, Dei gratia regis Castelle, Legionis et Portugalie, existente in quadam camera domorum episcopi civitatis eiusdem presentialiter; ibidem constitutis reverendo in Christo Patre et Domino domino Johanne, Dei et apostolice sedis gratia archiepiscopo Compostelano,[15] dicti regis cancellario majore, et venerabilibus et discretis viris domino Johanne priore de Guadalupe, cancellario majoris sigilli secreti eiusdem regis, et fratre Fernando de Ordine Minorum, ipsius regis confessore, et Alvaro Martini decretorum doctore, auditore audiencie antedicti regis eiusque cancellario; comparuerunt nobiles et strenui milites dominus Thomas Persy et dominus Johannes Trayli, ambassiatores, procuratores, negociorum gestores inclitorum dominorum domini Johannis ducis Lancastrie et domine Constancie eius uxoris, prout in literis inde confectis plenius continetur, et humiliter proposuerunt dicentes quod supradicti archiepiscopus Compostellanus et prior de Guadaluppe et frater Fernandus confessor et Alvarus Martini doctor ex parte dicti domini regis et ipsi ambassiatores ex parte predictorum dominorum ducis et ducisse viderant et examinaverant conveniencias et tractatus initos inter dictum dominum regem Castelle, Legionis et Portugalie ex parte una, et dictos dominos ducem et ducissam ex parte alia. Quibus perlectis et diligenter examinatis, aliqua in eisdem contenta mutaverant, reliqua declaraverant, alia addiderant, nonnulla correxerant et aliqua suspenderant pro faciliori et meliori expedicione aliquorum in predictis tractatibus contentorum. De quibus additis, mutatis, correctis et declaratis certa capitula ordinaverant, quorum tenor sequitur in hac forma:

Secuntur capitula emendacionum, addicionum, declaracionum tractatuum et conveniencionum supradictorum facta per reverendum in Christo Patrem et Dominum dominum Johannem, Dei et apostolice sedis gratia archiepiscopum Compostellanum et majorem cancellarium domini Johannis, Dei gratia illustris regis Castelle, Legionis et Portugalie, ac venerabiles et discretos viros dominum Johannem priorem de Guadaluppe, cancellarium majorem sigilli secreti dicti regis, et fratrem Fernandum eius *[359v]* confessorem et Alvarum Martini decretorum doctorem, specialiter ad hoc per eundem regem pro parte sua deputatos, necnon per nobiles et strenuos milites dominos Thomam de Persy et Johannem Trayli, procuratores et ambassiatores et negociorum gestores inclitorum dominorum domini Johannis ducis Lancastrie et domine Constancie eius uxoris pro parte eorumdem, sub hac forma:

vi. In principio sexti capituli dictorum tractatuum continetur quod idem rex Castelle, Legionis et Portugalie, per se vel ministros suos, solvet eisdem dominis duci et ducisse vel alii sive aliis de eorum mandato sexcenta millia francorum currencium nunc in regno Francie, boni auri et legitimi ponderis, quorum *[sexaginta et quatuor]*[16] faciunt marcham auri, vel valorem in auro, in hunc modum: .cc. millia francorum in fine octo dierum currencium a tempore quo dicta domina Catherina filia dicti domini ducis Lancastrie et domine Constancie eius uxoris fuerit tradita realiter et de facto dicto domino regi Castelle, Legionis et Portugalie vel aliis de eius mandato in loco securo, etc.

Predicti domini concordarunt quod superius dicta prima solucio dictorum .cc. millium francorum fiat in hunc modum, scilicet: quod dictus dominus rex Castelle, Legionis et Portugalie solvet vel solvi faciet per se vel per alium seu alios dictis dominis duci et ducisse .c. millia francorum currencium nunc in regno Francie, boni auri et ponderis legitimi, quorum *[sexaginta et quatuor]*[17] faciunt unam marcham, infra .xxx. dies immediate sequentes a tempore tradicionis dicte domine Catherine computandos; alia vero .c. millia francorum solvet vel solvi faciet dictus dominus rex Castelle prefatis dominis duci et ducisse vel alii sive aliis de eorum mandato infra alios .xxx. dies immediate sequentes computandos a fine ultimi diei .xxx. iam primo dictorum; ita quod ista solucio horum .cc. millium francorum sit completa infra sexaginta dies a tempore tradicionis dicte domine Catherine modo superius dicto, aliis .cccc. millibus francorum suis temporibus solvendis, ut predicto sexto capitulo continetur.

vii. Item: in .vii°. capitulo horum tractatuum continetur inter alia quod predicta solucio, tam istorum .xl. millium francorum annuorum quam aliorum .dc. millium francorum, fiet in loco vel locis ubi per dictum dominum Johannem regem Castelle ex parte una, et per nobiles milites dominum

Thomam Persy et dominum Johannem Trayli, ambassiatores dictorum ducis et ducisse eius uxoris, ex parte alia, fuerit concordatum.

De hoc est inter prefatos dominos concordatum quod soluciones, tam quadraginta millium francorum annuorum quam .cccc. millium francorum, qui .cccc. millium francorum solvi debent in ultimis duobus solucionibus, ut in .vi. capitulo predictorum tractatuum continetur, fiant in loco de Baiona, dum steterit sub obediencia domini regis Anglie; ea non vero stante sub ipsius regis Anglie obediencia, quod soluciones predicte fiant Burdegale, dum ipsa steterit sub obediencia eiusdem regis Anglie; ipsa vero non stante sub huius obediencia, quod fiant soluciones predicte in insula Anglie; et quod dominus dux dabit salvum conductum regis Anglie pro gentibus eiusdem regis Anglie et iddem salvum conductum dabit euntibus ad faciendum huiusmodi soluciones et earum quamlibet, ut salvo veniant ad dicta loca vel saltim[18] eorum aliquid in quo vel quibus continget huiusmodi soluciones fieri, et salvi ibidem stent et libere revertantur ad regna Castelle. Et rex Castelle predictus dabit salvum conductum gentibus dictorum dominorum ducis et ducisse pro gentibus eiusdem *[360r]* regis Castelle, ut ab eisdem locis in Angliam cum dictis pecuniis salvo pergant.

viii°. Item: in .viii°. capitulo continetur inter alia quod, cum dictus dominus Johannes rex Castelle, Legionis et Portugalie vel alius eius nomine solverit eisdem duci et ducisse vel aliis de eorum mandato .cc. millia francorum primo solvenda, ut est dictum, et cum dictum matrimonium fuerit de facto solemnizatum in facie Ecclesie inter dictum dominum infantem minorem .xiiii. annis et dictam dominam Catherinam, et fuerit eisdem facta donacio propter nupcias per dictum dominum regem Castelle, Legionis et Portugalie dictorum locorum, prout in tractatibus continetur, et cum idem dominus rex tradiderit vel traddi fecerit eidem domino duci vel alii de eius mandato sufficientes personas in obsides sive ostagia pro solvendo sibi et dicte domine ducisse alia .cccc. millia francorum residua in temporibus superius assignatis in capitulo de hac materia loquente, tunc dictus dominus infans Fernandus sit liberatus ab obside, etc.

Est concordatum per dictos dominos sufficientes fore personas in obside sive ostagia dandas pro solvendo dictis .cccc. millibus francorum dictis dominis duci et ducisse quas dictus dominus rex Castelle, Legionis et Portugalie, tactis per eum Sacrosanctis Evangeliis, juraverit esse sufficientes pro solvendo .iiii^c. millibus francorum antedictis.

x.° Item: in .x^{mo}. capitulo continetur quod dictus dominus rex Castelle, Legionis et Portugalie absolvet a vinculis quibus tenentur dominum Sancium et *[Didacium]*,[19] filios domini Petri regis quondam Castelle, et dominum Petrum, filium domini Fernandi de Castro, etc., usque ad finem capituli.

Est concordatum per dictos dominos quod predictum capitulum et in eo contenta remaneant in suspenso quousque dictus dominus Johannes rex Castelle, Legionis et Portugalie ac dominus dux antedictus concordent quid super hoc sit agendum.

xvii°. In .xvii°. capitulo continetur quod dictus dominus Johannes dux Lancastrie et domina Constancia eius uxor et eorum uterque relaxent omnia juramenta, promissiones et omagia que sibi et eorum alteri fecerunt regna et dominia antedicta, castra, ville, civitates, fortalicia et quecumque alia loca in dictis regnis et dominiis consistencia, et prelati, barones et milites et quecumque alie persone dictorum regnorum et dominiorum, cuiuscumque condicionis, preheminencie seu dignitatis existant et quocumque nomine censeantur, sive dicta juramenta, promissiones et omagia sint facta specialiter vel generaliter, publice vel occulte.

Est concordatum per predictos dominos quod addatur dicto capitulo hoc, scilicet: quod dicti dux et ducissa et eorum alter realiter et de facto tradent vel traddi facient eidem domino regi Castelle, Legionis et Portugalie omnia et singula instrumenta et scripturas que per se vel alium habent vel habere poterunt promissionum et homagiorum predictorum.

xx°. In .xx°. capitulo continetur quod dicti domini dux et ducissa jurabunt quod dictum dominum Fernandum infantem, sibi dandum in obsidem et ostagium, in bono statu et sibi condecenti et securo tenebunt et eius vitam et salutem possetenus conservabunt quamdiu in eorum *[360v]* vel alterius eorum potestate fuerit detentus.

Est concordatum per dominos predictos quod idem dominus dux et domina ducissa jurabunt quod alios obsides seu ostagia sibi danda, simul vel successive, tenebunt in bono statu eis condecenti et securo et eorum vitam et salutem ac cuiuslibet eorum pro posse conservabunt quamdiu in eorum seu alterius eorum fuerint potestate detenti; ita quod eundem dominum Fernandum infantem dicti domini dux et Constancia eius uxor et eorum alter non transportabunt nec transportari facient in insulam Anglie. Alia vero ostagia transportabuntur et manebunt ubi dicto domino duci placuerit dumtamen tempore restitucionis eorum sint parati in loco ubi solucio est facienda. Item: tam dictus dominus Fernandus quam alia ostagia tenebuntur modo predicto expensis domini regis Castelle, Legionis et Portugalie.

xxi°. In .xxi°. capitulo continetur quod dicti domini dux et Constancia eius uxor et uterque eorum tradent dictam dominam Catherinam filiam suam in potestate prefati domini Johannis regis Castelle, Legionis et Portugalie usque ad .xl. dies continuos immediate sequentes computandos a tempore firmacionis publice et publicacionis istorum tractatuum, fiende de consensu partis utriusque, dicto domino Enrrico in matrimonio copulandam tempore in istis tractatibus assignato.

Predicti domini concordarunt quod istud capitulum nichil valeat, set aliter formetur modo quo sequitur. Item: tam dictus dominus rex Castelle quam domini dux et ducissa antedicti publicabunt et juramentis publice firmabunt et in munimentis publicis redigi facient hos tractatus usque ad festum Sancti Michaelis de mense Septembris proximo sequente, nisi fuerint vere et legitime impediti. Nichilominus, impedimento cessante, predicta adimplere teneantur quam cicius possent, fraude et dolo cessantibus quibuscumque, vel fieri facient publicacionem predictam ante dictum festum Sancti Michaelis, si commode poterunt. Et in eodem tempore dicte publicacionis dictus dominus rex Castelle, Legionis et Portugalie tradet vel tradi faciet in obsidem dominum Fernandum filium suum secundogenitum prefato domino duci. Et prefati domini dux et ducissa et eorum alter tempore dicte tradicionis dicti domini Fernandi tradent in loco securo predictam dominam Catherinam filiam suam in potestate dicti domini Johannis regis Castelle domino Enrrico infanti antedicto matrimonialiter copulandam, ut in predictis tractatibus continetur.

4. Second Treaty of Trancoso

[Arundel MS 48, fol. 229r]

In nomine Sancte et Individue Trinitatis, Patris et Filii et Spiritus Sancti, unde cuncta bona procedunt et omnium elementorum disposicio in orbem terrarum est producta, que tractatibus istis bonum principium, melius medium et peroptimum finem sui gratia tribuere dignetur. Amen.

Pacis actor non bene colitur nisi pacis tempore.[20] Ideo ad eius servicium ac honorem, ut dura guerrarum commocio pacis emulo instigante diu agitata inter serenissimum principem dominum Johannem, Dei gratia regem Castelle et Legionis, ducem Lancastrie, ex parte una, et dominum Johannem filium domini Henrici quondam comitis de Trastamera ex parte alia, super jure et dominio regnorum Castelle et Legionis, Toleti, Gallecie, Sibillie, Cordube, Murcie, Gihennii, Algarbii, Algesirie, et dominii de Moline, Lare et Visacaye, necnon civitatum, villarum, castrorum, locorum et terrarum in eisdem consistencium, actore Rege Pacifico qui suis discipulis pacem reliquit,[21] sedetur et penitus extinguatur, semper tamen salvis ligis et confederationibus quibus dictus dominus rex et dux regi Anglie et aliis sibi colligatis tenetur, et salvis ligis et confederationibus quibus prefatus dominus Johannes eiusdem regis et ducis adversarius regi Francie et aliis sibi colligatis est obligatus, fuerint tractatus sub ista forma:

Primo: videlicet, quod uterque supradictorum, tam dictus dominus rex Castelle et Legionis, dux Lancastrie, quam suus adversarius antedictus, jurabunt ad Sancta Dei Evangelia, manibus cuiuslibet eorum tacta, quod fideliter laborabunt, fraude et dolo cessantibus quibuscumque, pro unitate Sancte Matris Ecclesie, ita quod sit unus pastor et unum ovile,[22] operam dando consilio generali vel aliis modis congruentibus quibus Ecclesia ad unitatem reducatur.

ii. Item: quod uterque eorum, tam dominus rex Castelle et Legionis, dux Lancastrie, quam suus adversarius antedictus, fideliter laborabunt pro pace vel longa treuga inter regem Anglie ex parte una, et regem Francie ac dictum adversarium ex parte alia, inienda modis omnibus sibi licitis quibus poterunt bono modo.

[229v] iii. Item: quod uterque eorum, tam dictus dominus rex Castelle et Legionis, dux Lancastrie, et domina Constancia eius uxor quam dictus adversarius, jurabunt ad Sancta Dei Evangelia, manibus cuiuslibet eorum tacta, quod dabunt operam et fideliter laborabunt, fraude et dolo cessantibus quibuscumque, quod matrimonium contrahatur per verba legitima de presenti inter dominum Henricum infantem primogenitum et heredem dicti adversarii ex parte una, et nobilem dominam dominam[23] Katerinam filiam dicti domini regis et ducis ac domine Constancie eius uxoris ex parte alia; et quod dictum matrimonium solemnizabitur in facie Ecclesie infra duos menses sequentes computandos a tempore quo eadem domina Katerina in eiusdem adversarii potestate fuerit constituta.

iiii. Item: dictus adversarius faciet donacionem propter nupcias eidem filio suo domino Henrico et dicte domine Katerine pro oneribus huius modi matrimonii sustentandis locorum et terrarum infrascriptorum, videlicet: civitatis de Soria cum sua terra, et ville de Almazano, et ville de Atienza, et ville de Deza, et ville de Molina cum omnibus suis terris et territoriis, que omnia tenebuntur et gubernabuntur per eundem dominum infantem vel eius nomine.   Et nichilominus, dicta domina Katerina, postquam eidem adversario fuerit tradita, tenebitur in bono statu securo et sibi condecenti ad expensas ipsius adversarii per illos qui per eundem adversarium vel per dictum dominum regem ducem Lancastrie ad hoc fuerint deputati, quos ipse dominus rex et dux duxerit eligendos, usque ad tempus quo dictum matrimonium per carnis copulam fuerit consummatum. Et si forte contingat (quod Deus avertat) quod *[231r]* dictus dominus infans premoriatur, ipsa domina Katerina superstite, quod ipsa teneat et gubernet dicta loca et terras sub dominio et superioritate dicti adversarii, et quod eadem domina Katerina de eorum redditibus sustentetur totis temporibus vite sue. Qua defuncta, predicta loca et terre cum omnibus suis juribus et pertinenciis ad dictum adversarium et eius coronam revertantur. Et quod predicta donacio fiat infra duos menses immediate sequentes a tempore quo dicta domina Katerina in dicti adversarii fuerit tradita potestatem, de qua quidem plenius dicetur inferius.

v. Item: infra spacium duorum mensium supradictorum idem adversarius faciet dictam dominam Katerinam jurari in suis curiis solemniter celebrandis, ut est moris, quod post obitum eiusdem adversarii, cum dictus dominus infans fuerit assumptus et receptus in regem, eadem domina

Katerina recipietur et habebitur pro regina tanquam uxor dicti domini Henrici tunc regnantis et pro tempore quo ipse regnans vixerit in humanis.

vi. Item: quod idem adversarius solvet vel solvi faciet dictis dominis regi duci Lancastrie et Constancie eius uxori vel alii sive aliis de eorum mandato sexcenta millia francorum currencium nunc in regno Francie, boni auri et legitimi ponderis, quorum *[sexaginta et quatuor]*[24] faciunt unam marcham auri, vel solvet eorum pondus vel valorem in auro, in hunc modum: .i. c. millia francorum currencium nunc in regno Francie, boni auri et legitimi ponderis, quorum *[sexaginta et quatuor]*[25] faciunt unam marcham, infra triginta dies immediate sequentes a tempore quo dicta domina Katerine filia dictorum domini regis et ducis ac domine Constancie uxoris sue fuerit tradita realiter et de facto dicto adversario vel aliis de eius mandato in loco securo; alia vero .c. millia francorum solvet vel solvi faciet dictus adversarius predictis dominis regi duci Lancastrie et Constancie eius uxori vel alii sive aliis de eius mandato infra alios .xxx. dies immediate sequentes computandos a fine ultimi diei .xxx. dierum iam primo dictorum. Ita quod ista solucio horum .cc. millia francorum sit completa infra sexaginta dies a tempore traditionis dicte domine Katerine in *[231v]* potestatem dicti adversarii vel aliis de eius mandato in loco securo. Alia ducenta millia francorum solvet vel solvi faciet dictus adversarius eidem domino regi duci Lancastrie et domine Constancie eius uxori vel alii sive aliis de eorum mandato in fine tresdecim mensium computandorum a tempore dicte traditionis prefate domine Katerine. Alia vero .cc. millia francorum solvet vel solvi faciet eisdem dominis regi duci Lancastrie et Constancie uxori sue vel alii sive aliis de eorum mandato in fine unius anii currentis a fine predictorum tresdecim mensium. Tempus eciam istud incipiet currere a tempore quo dicta domina Katerina fuerit tradita in potestatem dicti adversarii, ut superius est expressum.

vii. Item: idem adversarius solvet vel solvi faciet eidem regi duci Lancastrie et eidem Constancie uxori sue quadraginta millia francorum annuam currencium nunc in Francia, boni auri et ponderis legitimi, quorum *[sexaginta et quatuor]*[26] faciunt unam marcham auri, vel solvet eorum pondus vel valorem in auro, dum ambo dominus rex dux Lancastrie et Constancia eius uxor vixerint in humanis. Altero vero eorum sublato de medio, predicta summa .xl. millia francorum per dictum adversarium superstiti eorum totis temporibus vite sue persolvetur. Ambobus vero defunctis, scilicet dominis rege et duce ac Constancia eius uxore, abinde in antea dictus adversarius prefatam summam nemini de mundo solvere teneatur in toto nec in parte. Predicta vero solucio .xl. millia francorum fiet in hunc modum: in medietate anni cuiuslibet fiet solucio . . . . .[27] .xx^{ti}. millia francorum, in fine autem anni cuiuslibet fiet solucio aliarum .xx. millia francorum, et sic solucio anni cuiuslibet perficietur.   Predicta vero solucio, tam istorum .xl. millia francorum quam aliorum .cccc. millia francorum, que .cccc. millia francorum solvi debent in duabus solucionibus ultimis, ut superius est expressum, fiet in loco de Bayona, dum ipsa steterit sub obediencia domini regis Anglie; ea vero non stante sub ipsius regis Anglie obediencia, soluciones predicte fient Burdegalie, dum ipsa steterit sub obediencia eiusdem regis Anglie; ipsa vero non stante sub ipsius regis *[232r]* Anglie obediencia, fient soluciones predicte in Anglia.   Dabit quoque idem dominus rex dux Lancastrie salvum conductum regis Anglie pro gentibus eiusdem regis Anglie et illud salvum conductum dabit euntibus ad faciendum dictas soluciones et earum quamlibet, ut salvo veniant ad dicta loca vel saltem eorum aliquem[28] in quo vel quibus contingat huiusmodi soluciones fieri, et salvi ibidem stent et libere revertantur ad regna Castelle.   Et prefatus adversarius dabit salvum conductum gentibus dictorum domini regis ducis Lancastrie et Constancie eius uxoris pro gentibus eiusdem adversarii, ut ab eisdem locis in Angliam cum dictis pecuniis salvo pergant. Annus vero ad solvendum predictam summam annuam .xl. millium francorum in presenti articulo nominatam incipiet a tempore quo isti tractatus et convenciones fuerint palam et publice per utramque partem firmati. Et pro hiis .xl. millibus francorum annuis solvendis dictus adversarius obligabit se sub ypotheca bonorum suorum et bonorum regnorum predictorum per eundem adversarium detentorum, et de hoc fiet validum et publicum instrumentum ad consilium peritorum dicti domini regis ducis Lancastrie, substantialibus non mutatis.

viii. Item: dicti domini rex dux Lancastrie et Constancia eius uxor, similiter et in eodem tempore quo dictus adversarius tradiderit vel tradi fecerit eidem domino regi et duci filium suum dominum Fernandum secundogenitum tenendum in obsidem et ostagium, tam pro securitate persone dicte domine Katerine filie dictorum regis ducis Lancastrie et Constancie eius uxoris quam pro solvendo dictis .cc. millibus francorum, tunc dicti domini rex dux Lancastrie et Constancia eius uxor vel eorum quilibet tradent dictam dominam Katerinam in potestatem dicti adversarii vivam in loco securo, ut in istis tractatibus continetur; et tunc transferent totum jus, siquod habent ambo et eorum quilibet vel altero,[29] in regnis Castelle et Legionis, et Toleti, Galecie, Sibillie, Cordube, Murcie, Gahennii, Algarbii, Algesirie, et dominiis de Molina, Visacaye et Lare, et renunciabunt eidem juri in predictum adversarium et in suos successores ab eo legitime et per rectam lineam descendentes, sub forma in istis tractatibus contenta, cum condicione si dictus adversarius adimpleverit omnia et singula in istis tractatibus contenta que per eundem fuerint adimplenda, salvo tamen semper eisdem dominiis regi duci Lancastrie et Constancie eius uxori jure reversionis de quo inferius *[232v]* dicetur. Sed cum dictum matrimonium fuerit in facie Ecclesie solempnizatum inter dictum infantem dominum Henricum et dictam dominam Katerinam et donacio propter nupcias eisdem fuerit facta, prout in istis tractatibus continetur, ac ducenta millia francorum fuerint eisdem dominis regi et duci ac Constancie eius uxori per eundem adversarium vel alium vel alios eius nomine persoluta, tunc iidem domini rex dux Lancastrie et Constancia eius uxor et uterque eorum et alter transferent simpliciter et sine condicione jus totum, siquod habent ambo et eorum quilibet vel alter eorum, in dictis regnis et dominiis eciam in dictum dominum Johannem adversarium et suos successores ab eo per rectam lineam legitime descendentes, et renunciabunt eidem juri, siquod habent, in predictis simpliciter et sine condicione in predictum adversarium et in suos successores per rectam lineam ab eo legitime descendentes, sub forma in istis tractatibus contenta, salvo semper jure reversionis supradicto et inferius dicendo; hoc etiam adhibito moderamine, quod cum dictus adversarius vel alius eius nomine solverit eisdem dominis Johanni regi et duci et Constancie eius uxori vel aliis de eorum mandato .cc. millia francorum primo solvendorum, ut est dictum, et cum dictum matrimonium fuerit de facto solemnizatum in facie Ecclesie inter dictum dominum infantem Henricum nunc minorem .xiiii. annis et dictam dominam Katerinam, et fuerit eisdem facta donacio propter nupcias per dictum adversarium certorum locorum et terrarum, prout in istis tractatibus continetur, et cum idem adversarius tradiderit vel tradi fecerit eisdem dominis regi et duci ac Constancie eius uxori vel aliis de eorum mandato sufficientes personas in obsides sive ostagia pro solvendis sibi aliis .cccc. millia francorum in temporibus superius assignatis in capitulo de ista materia loquente, que quidem persone in obsides sive ostagia dande fore sufficientes quas dictus adversarius, tactis per eundem Sacrosanctis Evangeliis, juraverit ese sufficientes pro solvendis .cccc. millia francorum antedictis, tunc dictus dominus infans Fernandus sit liberatus ab obside et ostagio iam dictis, et idem dominus rex et dux dictum dominum Fernandum restituet et realiter et de facto tradet vel tradi faciet prefato adversario vel alio de eius mandato, taliter quod libere possit duci in regna Castelle quo dictus adversarius pater suus mandaverit; verum si *[230r]* iste persone sic date in obsides vel ostagia vel aliqua earum fuerint mortue, quod prefatus adversarius remaneat obligatus ut ante mortem eius vel earum obligabatur, et idem adversarius teneatur tradere eisdem dominis regi duci Lancastrie et Constancie eius uxori alia ostagia personarum sufficientium pro solvendis summis residuis et restantibus eo tempore ad solvendum de sexcentis millia francorum antedictorum.

ix. Item: idem adversarius juvabit regem Francie contra regem Anglie cum eo numero galearum et navigiorum qui in tractatibus et ligis inter dictos adversarium et regem Francie firmatis continetur; et non juvabit dictum regem Francie cum majori numero galearum et navigiorum quam in dictis ligis et tractatibus continetur.

x. Item: dictus adversarius absolvet a vinculis quibus tenentur dominos Sancium et Didacium filios domini Petri quondam regis Castelle et Legionis et dominum Petrum filium domini Fernandi de Castro infra duos annos proximos sequentes computandos a die quo idem matrimonium inter dominum Henricum infantem et prefatam dominam Katerinam fuerit in facie Ecclesie solemniter celebratum. Et faciet eis mercedes unde honeste vivere possint. Et dicto domino Petro mandabit restitui bona que fuerunt patris sui que ipse perdidit pro eo quod vocem tenuit domini regis Petri vel dictorum dominorum regis ducis Lancastrie et Constancie eius uxoris. Si vero dicatur eadem bona alio modo perdidisse vel ad dictum Petrum eius filium non pertinuisse, dictus adversarius mandabit ei fieri justicie complementum. Quia altercatio erat inter nuncios partium supradictarum super capitulo proximo prescripto, igitur capitulum illud et in eo contenta maneant in suspenso quousque dominus rex et dux et eius adversarius antedicti simul concordant quid super hoc sit agendum.

[230v] xi. Item: dictus adversarius indulgebit et parcet omnibus civitatibus, castris et villis et in eis habitantibus, et baronibus, militibus et aliis personis quibuscumque que eisdem regi duci Lancastrie et Constancie eius uxori postquam intrarent Galeciam adheserunt.

xii. Item: dictus adversarius generaliter indulgebit et parcet omnibus qui cum dicto domino rege Petro tenuerunt et dictis domino rege et duci Lancastrie et Constancie eius uxori antequam intrarent Galeciam adheserunt.

xiii. Item: dicti domini rex dux Lancastrie et Constancia eius uxor jurabunt ad Sancta Dei Evangelia, manibus suis tacta, quod jus, siquod habent vel habere pretendunt vel habuerunt vel habere pretenderunt ambo et eorum quilibet vel eorum alter, in regnis Castelle et Legionis, Toleti, Galecie, Sibillie, Cordube, Murcie, Gihenni, Algarbii et Algesirie, et in dominiis de Lare et Visacaye et Moline vel in eorum parte, et in civitatibus, villis, castris, locis, et naturalibus et naturalitatibus eorumdem et in habitantibus in eisdem non alienaverunt ambo vel eorum alter per se nec per alium in parte nec in toto nec renunciaverunt eidem juri in toto nec in parte.

xiiii. Item: dicti dominus rex dux Lancastrie et Constancia eius uxor, de dicti domini regis et ducis voluntate, consensu et licencia expressis, quam licenciam et voluntatem et consensum predictus dominus rex et dux eidem domine Constancie prebebit expresse, et uterque eorum transferent in dictum Johannem adversarium et in suos successores de corpore suo per rectam lineam legitime descendentes, et cedent et renunciabunt eidem adversario et dictis successoribus suis, transacionis et amicabilis composicionis causa, totum et omne jus, siquod habent ambo et quilibet et eorum alter et eis competit et cuilibet eorum et eorum alteri quolibet titulo, occasione vel causa, in regnis Castelle, Legionis, et Toleti, Galecie, Sibilie, Cordube, Murcie, Gihenni, Algarbii et Algesirie, et in dominiis Lare, Visacaye et *[235r]* Moline et in eorum aliquibus vel aliquo, et in omnibus et singulis dominiis et terris, civitatibus, villis, castris, fortaliciis et locis eorumdem regnorum et dominiorum, et naturalibus et naturalitatibus eorum et in habitantibus in eisdem et in quolibet eorum, sub hac forma, scilicet: quod dictus adversarius habeat totum et omne jus et dominium plenum in predictis regnis et dominiis et omnibus aliis supradictis et eorum singulis, siquod habent aut habuerunt vel habere potuerunt dicti domini rex dux Lancastrie et Constancia eius uxor et quilibet eorum et alter et ad quemlibet vel eorum alterum pertinet vel pertinuit quovismodo, ut illud habeat dictus adversarius jure dominii et regio totis temporibus vite sue; et post mortem suam quod habeat illud jus et plenum dominium in omnibus dictis regnis et dominiis et aliis supradictis et eorum singulis Henricus filius primogenitus dicti adversarii jure dominii et regio totis temporibus vite sue; et post mortem dicti domini Henrici quod habeant illud jus et plenum dominium in predictis regnis et dominiis et omnibus aliis supradictis et eorum singulis jure dominii et regio eius successores de corpore suo et ex dicta domina Katerina filia dictorum dominorum regis ducis Lancastrie et Constancie eius uxoris, que cum eodem infante, Deo dante, contrahet matrimonium, procreandi, et si nepotes et alii inferioris gradus existant; et si ipsa domina Katerina filia dictorum dominorum regis ducis Lancastrie et Constancie eius uxoris decesserit sine liberis ex dicto domino infante procreandis (quod Deus avertat) quod illud jus habeant et plenum dominium jure dominii et regio alii successores dicti domini infantis Henrici per rectam lineam ex legitimo matrimonio de eius corpore descendentes, et si nepotes et alii inferioris gradus existant; quibus non stantibus, quod habeat dictum jus et plenum dominium in predictis regnis et dominiis et omnibus aliis supradictis et eorum singulis jure dominii et regio infans dominus Fernandus, filius secundogenitus dicti adversarii; et post eius mortem habeant illud jus sui legitimi successores per rectam lineam de eius corpore descendentes, et si nepotes et alii inferioris gradus existant; eo vero defuncto sine liberis per dictum modum ab eo descendentibus, quod tunc predictum jus et plenum dominium habeant jure dominii et regio successores alii legitimi per rectam lineam de corpore dicti domini Johannis adversarii descendentes; quo defuncto sine liberis per dictum modum ab eo descendentibus, predictum jus et plenum dominium, siquod habent vel habuerunt vel potuerunt habere dicti domini rex dux *[235v]* Lancastrie et Constancia eius uxor et eorum quilibet vel alter, pertineat et revertatur ad eosdem regem et ducem et Constanciam eius uxorem et quemlibet eorumdem.

xv. Item: quod dicti domini rex dux Lancastrie et Constancia eius uxor vel eorum alter non pretendent jus aliquod habere, de jure nec de facto, in dictis regnis et dominiis nec in eorum aliquibus vel aliquo, nec in civitatibus, villis, castris, locis, fortaliciis, terris, naturalibus et naturalitatibus supradictis quod hactenus pretenderunt vel usque nunc pretendere potuerunt quovismodo; ymmo nunquam ea ratione, occasione vel causa per se vel alios dicta regna et dominia, civitates, villas, castra, fortalicia, loca et terras dictorum regnorum et dominiorum vel aliquod eorum intrabunt vel invadent, nec ea occasione vel causa in eis vel eorum aliquibus vel aliquo nec in parte eorum guerram facient nec fieri procurabunt nec mandabunt. Et ista omnia supradicta facient dicti domini rex dux Lancastrie et Constancia eius uxor antedicta et eorum quilibet, cum juramentis et omagiis et promissionibus de non contraveniendo, sub gravissimis penis et submissione censure Sancte Matris Ecclesie, salvo tamen eis jure reversionis antedicto.

xvi. Item: quod iidem domini rex dux Lancastrie et Constancia eius uxor et eorum quilibet libere dimittant, tradant et restituant eidem adversario omnia et singula loca, civitates, fortalicia, castra et villas que ipsi domini rex dux Lancastrie et Constancia eius uxor per se vel alium seu alios in dictis regnis, signanter in regno Galecie, tenent et quilibet eorum vel alter eorum tenet, et tali modo quod dictus adversarius possit illis uti ut solebat antequam dicti domini rex et Constancia eius uxor in Galeciam devenerunt.

xvii. Item: quod dicti domini rex dux Lancastrie et Constancia eius uxor antedicti et eorum uterque relaxent omnia juramenta, promissiones et omagia que sibi vel eorum alteri fecerunt regna et dominia predicta, castra, *[233r]* ville, civitates, fortalicia et quecumque alia loca in dictis regnis et dominiis consistencia, prelatique, barones et milites et quecumque alie persone dictorum regnorum et dominiorum cuiuscumque conditionis, preeminencie seu dignitatis existant et quocumque nomine censeantur, sive dicta juramenta, promissiones et omagia sint facta generaliter vel specialiter, publice vel occulte, ac tradent vel tradi facient iidem rex et Constancia eius uxor et eorum alter realiter et de facto dicto adversario omnia et singula instrumenta et scripturas que per se vel alium habent vel habere poterunt promissionum et omagiorum predictorum.

xviii. Item: quod dicti domini rex dux Lancastrie et Constancia eius uxor jurabunt ad Sancta Dei Evangelia, manibus cuiuslibet eorum tacta, quod uterque eorum non juravit de non alienando jus predictum vel eius partem, vel de non renunciando eidem juri; et si alienassent vel renunciassent, non jurarunt de non revocando predictam alienacionem vel renunciacionem.

xix. Item: quod dicti domini rex dux Lancastrie et Constancia ipsius uxor jurabunt non petere relaxionem vel dispensacionem omnium juramentorum vel aliquorum vel alicuius in istis tractatibus contentorum.

xx. Item: quod dicti domini rex dux Lancastrie et Constancia eius uxor jurabunt quod dictum dominum infantem Fernandum, eis dandum in obsidem et ostagium, ac alios dandos et in obsides et ostagia, simul vel successive, tenebunt in bono statu et sibi condecenti et securo et eorum ac cuiuslibet eorum vitam et salutem pro posse conservabunt quamdiu in eorum seu alterius eorum fuerint potestate detenti. Dictum autem infantem Fernandum non transportabunt nec transportari facient in Angliam. Alia vero ostagia transportabuntur et manebunt ubi dicto domino regi et duci placuerit dumtamen tempore restitucionis eorum fuerint parati in loco ubi solucio est facienda. Item: tam dictus infans Fernandus quam alia ostagia tenebuntur modo predicto expensis dicti adversarii.

xxi. Item: dictus adversarius contrahet amicicias cum prefato domino rege et duce eo tempore quo idem dominus rex et dux tradiderit vel tradi fecerit dictam dominam Katerinam in potestatem eiusdem adversarii, dicto domino Henrico eius filio primogenito matrimonialiter copulandam, salvis et servatis semper ligis, confederationibus et amiciciis quibus idem adversarius tenetur regi Francie et aliis sibi colligatis, quibus propter dictam amiciciam non intendit in aliquo derogare.

[233v] xxii. Item: dictus dominus rex et dux Lancastrie contrahet amicicias cum dicto adversario tempore in proximo capitulo limitato, salvis et servatis semper ligis et confederationibus et amiciciis quibus idem dominus rex et dux regibus Anglie et Portugalie ac aliis sibi colligatis tenetur, quibus propter dictam amiciciam non intendit in aliquo derogare.

xxiii. Item: pro securitate horum tractatuum et capitulorum ac omnium et singulorum in eisdem contentorum predicti domini rex dux Lancastrie et Constancia eius uxor et adversarius antedictus et eorum quilibet jurabunt ad Sancta Dei Evangelia, manibus cuiuslibet eorum tacta, quod bona fide, fraude et dolo cessantibus quibuscumque, facient et adimplebunt omnia et singula in hiis tractatibus contenta et quodlibet contentorum in eisdem, ita quod quilibet faciat et adimpleat quod per eum debet adimpleri. Et insuper, quilibet eorum laborabit fideliter et procurabit ac dabit consilium, auxilium et favorem ut omnia et singula in eisdem tractatibus contenta suum debitum sortiantur effectum.

xxiiii. Item: tam dictus adversarius quam dictus rex dux Lancastrie et Constancie eius uxor antedicti fieri facient de hiis omnibus publica instrumenta solemniora et validiora que fieri poterunt ad consilium et ordinacionem peritorum partis utriusque. Verum si una partium et alia requisita peritos suos dare distulerit, quod dicta instrumenta fiant ad consilium partis alterius in utroque casu, nichil de substancialibus contentis in istis tractatibus immutando.

[234r] xxv. Item: tam dictus adversarius quam dicti domini rex dux

Lancastrie et Constancia eius uxor antedicti publicabunt *[et juramentis publice firmabunt et in]*[31] munimentis publicis redigi facient *[hos tractos quanto]* commode poterunt, fraude et dolo cessantibus quibuscumque. *[Et similiter et in]* eodem tempore dicte publicacionis dictus adversarius tradet vel tradi faciet prefato domino regi Castelle et Legionis, duci Lancastrie, in obs*[idem]* dominum Fernandum filium suum secundogenitum. Et prefati domini rex dux Lancastrie et Constancia eius uxor et eorum alter tempore dicte traditionis dicti domini Fernandi tradent in loco securo predictam dominam Katerinam filiam suam in potestatem dicti adversarii, domino Henrico infanti antedicto matrimonialiter copulandam, ut in predictis tractatibus plenius continetur.

5. Third Treaty of Trancoso

[Reg. Aven. MS 251, fol. 361r]
Secundus Tractatus.
In nomine Sancte et Individue Trinitatis, etc.

Pacis actor non bene colitur nisi pacis tempore.[32] Ideo ad eius servicium et honorem, ut dura guerrarum commocio pacis emulo instigante diu agitata inter dominum Johannem regem Castelle, Legionis et Portugalie, filium domini Enrrici quondam regis Castelle et Legionis, ex parte una, et dominum Johannem ducem Lancastrie, filium domini *[Eduardi]*[33] quondam regis Anglie, et dominam Constanciam eius uxorem, filiam domini Petri quondam regis Castelle et Legionis, de consensu et licencia et voluntate expressis dicti domini ducis mariti sui, quas scilicet licenciam, voluntatem et consensum dictus dominus dux eidem domine Constancie expresse ad infrascripta tractanda et firmanda, juranda et opere adimplenda concessit, ex parte alia, super jure et dominio regnorum Castelle et Legionis, Toleti, Gallecie, Sibillie, Cordube, Murcie, Giennii, Algarbii, Algezire, et dominiorum de Lara et Viscaya et de Molina, necnon civitatum, villarum, castrorum, locorum et terrarum in eisdem consistencium, atque vassallorum et naturalium et naturalitatum eorum seu alicuius eorum, actore Rege Pacifico qui pacem suis discipulis reliquit,[34] sedetur et penitus extinguatur, semper tamen salvis ligis et confederationibus quibus dictus rex Castelle, Legionis et Portugalie regi Francie et aliis sibi colligatis tenetur, et salvis ligis quibus idem dominus dux regi Anglie et aliis sibi colligatis est obligatus, quibus ligis et confederationibus neutra partium propter infrascripta vel eorum aliquod intendit in aliquo derogare, fuerint tractatus sub hac forma:

Primum capitulum: primo, quod uterque supradictorum, tam rex Castelle, Legionis et Portugalie quam dux Lancastrie, jurabunt ad Sancta Dei Evangelia, corporaliter manibus cuiuslibet eorum tacta, quod fideliter laborabunt, fraude et dolo cessantibus quibuscumque, pro unitate Sancte Matris Ecclesie modis omnibus quibus poterunt licitis et congruentibus, ita quod sit unum ovile et unus pastor.[35]

ii. Item: quod uterque eorum, tam rex Castelle, Legionis et Portugalie quam dominus dux, fideliter laborabunt pro pace vel longa treuga inter regem Francie et ipsum dominum Johannem regem Castelle, Legionis et Portugalie ex parte una, et regem Anglie ex parte alia, inhibenda modis omnibus sibi licitis quibus poterunt bono modo.

iii. Item: quod uterque eorum, tam rex Castelle, Legionis et Portugalie quam dictus dominus dux Lancastrie et dicta domina Constancia eius uxor, jurabunt ad Sancta Dei Evangelia, manibus cuiuslibet eorum tacta, quod dabunt operam eficacem et fideliter laborabunt, fraude et dolo cessantibus quibuscumque, quod matrimonium contrahatur per verba legitima de presenti inter dominum Enrricum infantem filium primogenitum et heredem dicti regis Castelle ex parte una, et nobilem dominam Catherinam filiam dicti domini ducis Lancastrie et dicte domine Constancie eius uxoris ex parte alia; et quod dictum matrimonium solemnizabitur in facie Ecclesie infra duos menses immediate sequentes computandos a tempore quo eadem domina Catherina in eiusdem regis Castelle, Legionis et Portugalie potestate fuerit tradita. Atque idem dominus infans Henrricus et predicta domina Constancia[36] jurabunt ad Sancta Dei Evangelia quod dictum matrimonium contrahent per verba legitime de presenti, et illud infra dictum tempus in facie Ecclesie *[361v]* solemnizabunt et, quam cito commode poterunt, fideliter consummabunt. Insuper, dictus dominus rex Castelle, Legionis et Portugalie jurabit quod faciet et possetenus procurabit, fraude et dolo cessantibus quibuscumque, quod dominus infans Fernandus eius filius secundogenitus non contrahet matrimonium nec sponsalia cum aliqua donec dictus dominus infans Enrricus compleverit etatem quatuordecim annorum, et predictus dominus infans Fernandus jurabit non contrahere matrimonium nec sponsalia cum alique donec memoratus dominus Enrricus compleverit dictam etatem. Preterea, idem dominus rex jurabit quod, si forte (quod Deus avertat) infra die de etatis ipsius dictus dominus Enrricus obierit, carnis copula inter eum et dictam dominam Catherinam minime subsecuta, quod dictus dominus Fernandus contrahet matrimonium cum eadem domina Catherina. Insuper, tam dictus dominus rex et dictus filius eius dominus Enrricus ex parte una, quam dicti domini dux et ducissa atque eorum filia dicta domina Catherina ex parte alia, jurabunt quod ipsi seu eorum aliquis non procurabunt seu procurabit divorcium fiendum inter dictos dominos

Enrricum et Catherinam per se vel per alium, directe vel indirecte; ymo eciam, si per officium alius superioris absque eorum vel alterius eorum petitione dictum divorcium fieret, nec ipsi nec eorum aliquis acceptabit illud nec consentiet effectualiter in eodem, set complebit et servabit iuxta posse matrimonium supradictum. Necnon quod utraque partium laborabit fideliter iuxta posse pro habendis super hoc matrimonio contrahendo dispensacionibus necessariis et opportunis super impedimentis exeuntibus vel supervenientibus quibuscumque.

iiii. Item: idem dominus Johannes rex Castelle, Legionis et Portugalie faciet donacionem propter nupcias eidem filio suo domino Enrrico et dicte domine Catherine pro oneribus huiusmodi matrimonii sustentandis locorum et terrarum infrascriptarum, videlicet: civitatis de Soria, et ville de Almaçano, et ville de Atiença, et ville de Deza, et ville de Molina cum omnibus suis territoriis, que omnia tenebuntur et gubernabuntur per eundem dominum infantem vel eius nomine.   Et nichilominus, dicta domina Catherina, postquam eidem regi fuerit tradita, tenebitur in bono statu et securo ad expensas dicti domini regis per illos qui per eundem regem vel per dictum ducem ad id fuerint deputati, quos ipse dux magis duxerit eligendos, usque ad tempus quo dictum matrimonium fuerit per carnis copulam consummatum.   Et si forte (quod Deus avertat) contingat quod dictus dominus infans premoriatur, ipsa domina Catherina superstite, quod ipsa teneat et gubernet predicta loca et terras sub dominio et superioritate dicti regis Castelle, Legionis et Portugalie et successorum eius in dictis regnis, exceptis castris et fortaliciis in dictis civitatibus, villis, locis et terris consistentibus, que tenebuntur per dictum dominum regem et eius successores in dictis regnis ad expensas ipsius regis et successorum suorum, in quibus eciam civitatibus, villis, locis et terris dicta domina Catherina non ponet judices et officiales nisi regni Castelle naturales; et quod eadem domina Catherina per se vel alios percipiat et habeat fructus, redditus et provenientia et jura ordinaria dictarum civitatum, villarum et locorum et terrarum ut de ipsis sustentetur. Et faciat pro sue libito *[362r]* voluntatis totis temporibus vite sue, sive in statu viduali sive in conjugali eam duxerit eligendam; set et si viduali statu elegerit continuere, quod non compellatur ad matrimonium contrahendum in casu predicto. Qua defuncta, predicta loca et terre cum omnibus suis juribus et pertinenciis ad dictum dominum regem Castelle, Legionis et Portugalie et eius coronam libere revertantur. Et quod predicta donacio fiet infra duos menses immediate sequentes a tempore quo dicta domina Catherina in dicti regis Castelle fuerit tradita potestate.[37]   In casu vero quo dictus dominus infans Fernandus contraxerit matrimonium cum dicta domina Catherina, prout in capitulo supra proximo continetur, dicta donacio propter nupcias fiet dictis dominis Fernando et

Catherine modo et forma quibus fiet dictis dominis Enrrico et Catherine, et de hoc in eorum donacione fiet mencio specialis.

v. Item: infra spacium duorum mensium predictorum idem rex faciet dictam dominam Catherinam jurari in suis curiis solemniter celebrandis, ut est moris, quod post obitum eiusdem regis, cum dictus dominus infans fuerit assumptus et receptus in regem, eadem domina Catherina recipietur et habebitur pro regina tanquam uxor dicti domini Enrrici tunc regnantis et pro eo tempore quo ipse regnans vixerit in humanis. Et idem fiet et eo modo in casu que dictus dominus infans Fernandus, ut supradictum est, contraxerit matrimonium cum dicta domina Catherina eo tempore quo dictus dominus Fernandus fuerit receptus et assumptus in regem.

vi. Item: quod tam idem rex Castelle, Legionis et Portugalie quam sui heredes et successores in dictis regnis per se vel ministros suos solvet eisdem dominis duci et ducisse vel alii sive aliis de eorum mandato sexcenta millia francorum nunc currencium in regno Francie, boni auri et legitimi ponderis, quorum *[sexaginta et quatuor]*[38] faciunt unam marcham auri, vel solvet eorum pondus vel valorem in aurum[39], in hunc modum, videlicet: prima centum millia francorum tempore tradicionis dicte domine Catherine et translacionis, cessionis et renunciacionis de quibus in istis tractatibus continetur; alia vero centum millia francorum infra .lx. dies a tempore tradicionis dicte domine Catherine computandos; et alia ducenta millia francorum in fine tredecim mensium computandorum a tempore tradicionis dicte domine Catherine; reliqua vero ducenta millia francorum in fine unius anni currentis a fine predictorum .xiii. mensium. Verum si alterum prefatorum ducis et ducisse antequam solucio dictarum summarum sit completa mori contingat, superstiti eorum residuum persolvetur.

vii. Item: tam idem rex Castelle, Legionis et Portugalie quam sui heredes et successores in dictis regnis solvet vel solvi faciet eisdem dominis duci et ducisse quadraginta millia francorum annuam currencium nunc in Francia, boni auri et legitimi ponderis, quorum *[sexaginta et quatuor]*[40] facient unam marcham auri, vel solvet eorum pondus vel valorem in auro, quamdiu ambo dicti domini dux et ducissa vixerint in humanis. Altero vero eorum sublato de medio, predicta summa .xl. millia francorum annuam per dictum dominum regem et eius heredes et successores superstiti eorum totis temporibus vite sue persolvetur. *[362v]* Ambobus vero defunctis, scilicet domino duce et domina ducissa, abinde inposterum dictus dominus rex predictam summam nemini de mundo solvere teneatur in toto nec in parte. Predicta vero solucio dictorum .xl. millia francorum antedicta fiet in hunc modum, videlicet: in medietate anni cuiuslibet fiet solucio .xx. millia francorum, et in fine anni cuiuslibet fiet solucio aliorum .xx. millia francorum; et sic solucio cuiuslibet anni perficietur. Annus vero ad solvendum predictam summam annuam .xl. millia francorum in presenti articulo contentorum incipiet a tempore quo isti tractatus et convenciones fuerint publice et palam per utramque partem firmati. Soluciones vero, tam istorum .xl. millia francorum anno quolibet persolvendorum quam aliorum quingentorum millia francorum supra in proximo capitulo contentorum, fient in civitate Bayonensi,[41] dum steterit sub obediencia domini regis Anglie; ipsa vero civitate non existente sub ipsius regis Anglie obediencia, soluciones predicte fient in civitate Burdegalensi,[42] dum ipsa civitas steterit sub obediencia regis Anglie; ipsa vero civitate non existente sub obediencia huiusmodi, soluciones predicte fient in regno Anglie. Et dictus dominus dux obtinebit et dabit salvum conductum regis Anglie pro gentibus eiusdem regis Anglie euntibus ad faciendum huiusmodi soluciones et earum quamlibet, ut salvo veniant ad dicta loca vel locum in quibus vel quo continget huiusmodi soluciones fieri, et salvo ibidem stent et salvo et libere revertantur ad regna Castelle. Et rex Castelle predictus dabit salvum conductum gentibus dictorum dominorum ducis et ducisse pro gentibus eiusdem regis Castelle, ut ab eisdem locis in Angliam cum dictis pecuniis salvo pergant. Et tam pro dictis .xl. millibus francorum annuis persolvendis quam pro dictis quingentis millibus francorum, ut supra describitur, exsolvendis, dictus dominus rex Castelle, Legionis et Portugalie obligabit se et successores suos in dictis regnis sub ypotheca bonorum suorum et bonorum regnorum eius; et de hiis fient valida et publica instrumenta ad consilium peritorum, substantialibus non mutatis.

viii. Item: dictus dominus dux Lancastrie et dicta domina Constancia eius uxor, simul et in eodem tempore quo dictus dominus rex Castelle, Legionis et Portugalie solverit vel solvi fecerit eisdem dominis duci et ducisse centum millia francorum persolvenda et tradiderit seu tradi fecerit eisdem personas sufficientes in obsides seu hostagia pro .c. millibus francorum proximo solvendis et alios obsides seu ostagia pro residuis quadringentis millibus francorum feceritque et tradiderit seu tradi facerit[43] eisdem de predictis quingentis millibus francorum atque pro quadraginta millibus francorum annuatim persolvendis, ut dictum est, sufficientes et rationabiles obligationes et de facienda donacione propter nupcias et de contrahendis eisdem nupciis inter dictum dominum Enrricum minorem .xiiii. annis et dictam dominam Catherinam necnon de faciendo eam jurari in reginam modis et formis superius expressatis, tunc temporis dictus dominus dux et dicta domina Constancia eius uxor et eorum quilibet tradent vel tradi facient dictam dominam Catherinam in potestate dicti domini regis Castelle, Legionis et Portugalie vel aliorum per eum ad hoc deputatorum vivam et in loco securo ad regna Castelle deducendam et tenendam atque dicto domino Enrrico matrimonialiter copulandam. Ac eciam tunc similiter et in eodem tempore ambo prefati domini dux et ducissa et quilibet et alter eorum *[363r]* transferent pure, libere, sponte, simpliciter et sine condicione aliqua tacita vel expressa jus totum, si quod habent, in dictis regnis Castelle et Legionis, Toleti, Gallecie, Sibilie, Cordube, Murcie, Giennii, Algarbii et Algezire, et in dominiis Vizcaya, Lare et Moline in dictum dominum Johannem regem Castelle, Legionis et Portugalie et in suos successores ab eo per rectam lineam legitime descendentes, et cedent et renunciabunt eidem juri, si quod habent, in predictis simpliciter et sine condicione aliqua tacita vel expressa in predictum dominum Johannem regem Castelle, Legionis et Portugalie et in suos successores ab eo per rectam lineam legitime descendentes, sub forma in istis tractatibus infrascripta, ad consilium peritorum, substantialibus non mutatis, latius ordinanda. Verum cum predicta centum millia francorum secundo persolvenda fuerint pro parte dicti domini regis parti dictorum dominorum duci et ducisse persoluta, teneantur dicti domini dux et ducissa et eorum quilibet restituere parti dicti dominis regis ostagia pro dictis .c. millibus francorum recepta, libere deducenda in regna Castelle. Iddemque facere teneantur de ceteris ostagiis remittendis: medietatem ostagiorum tempore solucionis de centorum millium francorum et alia ostagia tempore residue solucionis, cum ultimum ducenta millia francorum eisdem fuerint persoluta. Si vero medio tempore aliquam vel aliquas personam vel personas de ostagiis prelibatis mori contigerit aut fugere ab ostagio, quod dictus dominus rex remaneat obligatus prout ante mortem vel fugam eius vel earum erat obligatus, et insuper teneatur tradere eisdem dominis duci et ducisse loco de mortuarum vel fugitivarum personarum alia ostagia sufficientia pro solvendis francis de summis antedictis eo tempore restantibus ad solvendum. Ostagia vero quecumque danda predictis dominis judicabunt sufficientia que predictus dominus rex Castelle, Legionis et Portugalie juraverit fore sufficientia ad solvendum summam vel summas pro quibus dabuntur.

ix. Item: idem dominus Johannes rex Castelle, Legionis et Portugalie juvabit regem Francie contra regem Anglie per mare cum eo numero gallearum et navigiorum qui in tractatibus et ligis inter dictos dominos regem Castelle et regem Francie firmatis usque ad festum Nativitatis Beati Johannis Babtiste proximo preterito continetur; et non juvabit dictum regem Francie contra regem Anglie per mare cum majori numero galearum et navigiorum quam in dictis ligis et tractatibus continetur.

x. Item: dictus dominus rex indulgebit et parcet omnibus civitatibus, castris et villis et in eis habitantibus, et baronibus et militibus et aliis personis quibuscumque qui eisdem dominis duci et ducisse eius uxori publice adheserunt et eorum vocem tenuerunt postquam idem dux intravit Galleciam pro eo quod eisdem dominis duci et ducisse, ut premittitur, adheserunt, illis videlicet qui inventi fuerint tempore firmacionis publice istorum tractatuum eisdem publice adherentes, ubicumque fuerint, tempore tradicionis dicte domine Catherine; et mandabit eis restitui omnia bona que possidebant tempore quo dictis dominis duci et ducisse, ut *[363v]* dictum est, adheserunt, mandandum eis dari literas sufficientes dicte indulgencie et restitucionis bonorum, si eas petierint infra quatuor menses a tempore tradicionis dicte domine Catherine computandos.

xi. Item: dictus dominus rex generaliter indulgebit et parcet omnibus qui cum dicto domino rege Petro tenuerunt et dictis dominis duci et ducisse antequam intrarent Galleciam publice adheserunt pro eo quod cum dicto rege Petro tenuerunt et prefatis, ut premittitur, adheserunt, illis videlicet qui inventi fuerint tempore firmacionis publice istorum tractatuum eisdem dominis publice adherentes; et mandabit eis dari literas sufficientes dicte indulgencie, si eas petierint infra quatuor menses a tempore dicte tradicionis domine Catherine computandos.

xii. Item: dictus dominus rex Castelle, Legionis et Portugalie absolvet a vinculis quibus tenentur dominos Sancium et Didacium filios domini Petri quondam regis Castelle et dominum Petrum filium domini Fernandi de Castro infra duos annos proxime sequentes computandos a die quo iddem matrimonium inter dictum infantem dominum Enrricum et dictam dominam Catherinam fuerit in facie Ecclesie solemniter celebratum. Et faciet eisdem filiis dicti regis mercedes unde honeste vivere possint. Et dicto domino Petro mandabit restitui bona que fuerunt patris sui que ipse perdidit pro eo quod vocem tenuit domini regis Petri vel dicti ducis vel dicte domine Constancie uxoris eius. Si vero alio modo dicatur eadem bona perdidisse vel ad dictum dominum Petrum eius filium non pertinuisse, rex mandabit ei fieri justicie complementum. Istud tamen capitulum et omnia in eo contenta remaneant in suspenso quousque dictus dominus Johannes rex Castelle, Legionis et Portugalie ac dominus dux antedictus per se vel per procuratores suos infra dictos duos annos simul concordant quid super hoc sit agendum.

xiii. Item: idem dominus Johannes dux Lancastrie et dicta domina Constancia eius uxor jurabunt ad Sancta Dei Evangelia, corporaliter manibus suis tacta, quod jus, si quod habent vel habere pretendunt vel habuerunt vel habere pretenderunt ambo et eorum quilibet vel eorum alter, in dictis regnis Castelle, Legionis, Toleti, Gallecie, Sibilie, Cordube, Murcie, Giennii, Algarbii et Algezire, et in dominiis Lare, Vizcaya et Moline vel in eorum parte, et in civitatibus, villis, castris et locis, et naturalibus et naturalitatibus eorumdem et in habitantibus in eisdem non alienaverunt nec obligaverunt ambo vel eorum alter per se nec per alium in parte nec in toto nec renunciaverunt eidem juri in toto nec in parte. Et si repertum fuerit eos vel eorum aliquem fecisse aliquid quod predictam translacionem, cessionem et renunciacionem sortiri suum effectum validum in toto vel in parte quomodolibet impediat, quod iidem dominus dux et domina ducissa et eorum quilibet teneantur servare indempnem dictum dominum regem et eius successores in dictis regnis.

xiiii. Item: dictus dominus Johannes dux Lancastrie, filius domini Eduardi quondam illustris regis *[364r]* Anglie, et dicta domina Constancia eius uxor et filia domini Petri quondam regis Castelle, de dicti domini ducis voluntate, consensu et licencia expressis, quam licenciam, voluntatem et consensum dictus dominus dux eidem Constancie ab eo petenti prebebit expresse, et uterque eorum pure, sponte et libere ac de certe sciencia transferent in dictum dominum Johannem regem Castelle, Legionis et Portugalie, filium domini Enrrici quondam illustris regis Castelle et Legionis, et in suos successores de corpore suo per rectam lineam legitime descendentes, et cedent et renunciabunt eidem domini Johanni regi et dictis successoribus suis, transaccionis et amicabilis composicionis causa, totum et omne jus, si quod habent ambo et quilibet et eorum alter et eis competit vel competiit aut competere potuit et cuilibet et eorum alteri quolibet titulo, occasione vel causa, in regnis Castelle, Legionis, Toleti, Gallecie, Sibilie, Cordube, Murcie, Gienni, Algarbii, Algezire, et in dominiis Lare et Vizcaye et Moline et in eorum aliquibus vel aliquo, et in omnibus et singulis dominiis et terris, civitatibus, villis, castris, fortaliciis et locis eorumdem regnorum et dominiorum, et in naturalibus et naturalitatibus eorumdem et in habitantibus in eisdem et in quolibet eorum, sub hac forma, videlicet: quod dictus dominus Johannes rex Castelle, Legionis et Portugalie habeat totum et omne jus et dominium plenum in predictis regnis et dominiis et in omnibus aliis supradictis et eorum singulis, si quod habent aut habuerunt vel habere potuerunt dictus dominus dux et dicta domina Constancia eius uxor et quilibet et eorum alter et ad eos et quemlibet vel eorum alterum pertinet vel pertinuit quovismodo, ut illud habeat dictus dominus Johannes rex Castelle, Legionis et Portugalie jure dominii et regio totis temporibus vite sue; et post mortem suam quod habeat illud jus et plenum dominium in omnibus dictis regnis et dominiis et aliis supradictis et eorum singulis dominus Enrricus filius primogenitus dicti regis jure dominii et regio totis temporibus vite sue; et post mortem dicti domini Enrrici quod habeant illud jus et plenum dominium in predictis regnis et dominiis et omnibus aliis supradictis et eorum singulis jure dominii et regio eius successores de corpore suo et ex dicta domina Catherina filia dicti domini ducis et domine Constancie eius uxoris, que cum eodem domino infante, Deo dante, contrahet matrimonium, descendentes, eciam si nepotes vel inferioris gradus existant; et si ipsa domina Catherina decesserit sine liberis ex dicto domino infante procreandis (quod Deus avertat), quod habeant illud jus et plenum dominium jure dominii et regio alii successores dicti domini infantis Enrrici per rectam lineam ex legitimo matrimonio de eius corpore descendentes, eciam si nepotes et alii inferioris gradus existant; quibus non extantibus, quod habeat dictum jus et plenum dominium in predictis regnis et dominiis et omnibus aliis supradictis et eorum singulis jure dominii et regio infans dominus Fernandus, filius secundogenitus dicti regis Castelle, Legionis et Portugalie et post eius mortem habeant illud jus sui legitimi successores per rectam lineam de eius corpore descendentes, eciam si nepotes et alii gradus inferioris existant; eo vero defuncto sine liberis per dictum modum ab eo descendentibus, quod tunc predictum jus et plenum dominium habeant jure dominii et regio successores alii legitimi per rectam lineam de corpore *[364v]* dicti domini Johannis regis Castelle, Legionis et Portugalie descendentes; quo defuncto sine liberis per dictum modum ab eo descendentibus, predictum jus et plenum dominium, si quod habent vel habuerunt vel poterunt[44] habere dictus dominus dux et dicta domina ducissa eius uxor et eorum quilibet vel alter, pertineat et revertatur ad dictum dominum Johannem ducem Lancastrie et ad dictam dominam Constanciam eius uxorem et eorum quemlibet et dictam Catherinam eorum heredam nunc aparentem vel alios descendentes legitime ex matrimonio nunc constanti inter dictos dominos ducem et ducissam, eciam si nepotes vel inferioris gradus existant, si et prout nunc ad eos vel eorum quemlibet pertinet vel tunc sibi competierit.

xv. Item: quod dictus dominus Johannes dux Lancastrie et dicta domina Constancia eius uxor vel eorum alter non pretendent jus aliquod habere, de facto nec de jure, in dictis regnis et dominiis et in eorum aliquibus vel aliquo, nec in civitatibus, villis, castris, locis, fortaliciis, terris et naturalibus et naturalitatibus supradictis quod actenus pretenderunt vel usque nunc pretendere poterant quovismodo; ymmo nunquam ea ratione, occasione vel causa per se vel per alium seu alios dicta regna et dominia, civitates, villas, castra, fortalicia, loca, terras dictorum regnorum et dominiorum vel aliquod eorum intrabunt vel invadent, nec dicta occasione vel causa in eis vel eorum aliquibus vel aliquo nec in parte eorum guerram facient nec fieri procurabunt nec mandabunt. Eo tamen salvo quod, si casus reversionis dictorum regnorum et dominiorum ad eos, ut supra proximo capitulo continetur, eveniret, tunc per contenta in presenti capitulo per predictos dominos fienda et juranda nullum eisdem nec eorum successoribus predictis prejudicium gravetur, quin possent tunc ea facere contra dicta regna et dominia que nunc facere licite possent. Et ista omnia et singula supradicta facient dictus dominus dux et dicta domina ducissa et eorum quilibet, cum juramentis et homagiis et promissionibus de non contraveniendo, sub gravissimis penis et submissione censure Sancte Matris Ecclesie.

xvi. Item: quod idem dominus Johannes dux Lancastrie et domina

Constancia predicta eius uxor et eorum quilibet libere dimittant et tradant et restituant eidem domino regi Castelle, Legionis et Portugalie omnia et singula loca, eciam si civitates, fortalicia, castra et villa existant, que dictus dominus dux et dicta domina ducissa et quilibet vel alter eorum tenent et tenuerunt per se vel per alios in dictis regnis et dominiis, signanter in regno Gallecie, et tali modo quod dictus dominus rex possit illis uti ut solebat antequam dictus dominus dux et dicta domina ducissa eius uxor in Galleciam devenirent.

xvii. Item: quod dictus dominus Johannes dux Lancastrie et domina Constancia predicta eius uxor et eorum quilibet relaxent omnia juramenta, promissiones et omagia que sibi vel eorum alteri fecerunt regna et dominia predicta, castra, ville, civitates, fortalicia et quecumque alia loca in dictis regnis et dominiis consistencia, et prelati et barones et milites et quecumque *[365r]* alie persone dictorum regnorum et dominiorum cuiuscumque conditionis, preeminencie et dignitatis existant et quocumque nomine censeantur, sive dicta juramenta, promissiones et omagia sint facta generaliter vel specialiter, publice vel occulte, salvo tamen eisdem in casu reversionis supradicte in .xiiii. capitulo contente, plenario jure suo utendi dictis promissionibus et omagiis et juramentis, si et in quantum modo possent, predicta relaxacione non obstante; et dicti domini dux et ducissa et eorum alter realiter et de facto tradent vel tradi facient prefato domino regi vel alii seu aliis ad hoc per eum deputatis omnia et singula instrumenta et scripturas que per se vel alium habent vel habere poterunt promissionum, juramentorum et omagiorum predictorum. Restitucio autem dictarum scripturarum fiet infra .viii. dies a tempore publicacionis istorum tractatuum computandos, et que tunc habere non poterunt restituentur postea, quam cicius commode poterunt, fraude et dolo cessantibus quibuscumque.

xviii. Item: idem dominus et dicta domina Constancia eius uxor jurabunt ad Sancta Dei Evangelia, corporaliter cuiuslibet manibus eorum tacta, quod uterque eorum non juravit neque promisit seu protestatus est de non alienando jus predictum vel eius partem, vel de non renunciando eidem juri seu cedendo vel in alium transferendo, nec jurarunt quod, si transtulissent, alienassent, cessissent vel renunciassent, de non revocando predictam translacionem, alienacionem, cessionem vel renunciacionem. Et dictus dominus rex Castelle, Legionis et Portugalie jurabit simpliciter quod ipse non juravit non obligare se vel regna supradicta pro summis pecuniarum vel aliqua earum in istis tractatibus contentis, et quod, si obligasset[45] vel obligasset, quod non juravit obligacionem vel obligaciones per eum fiendas revocare vel non servare aut non complere vel contravenire in toto vel in parte quocumque titulo, occasione vel causa.

xviiii. Item: idem dominus dux et domina Constancia eius uxor predicta jurabunt non petere directe vel indirecte relaxacionem, absolucionem vel dispensacionem omnium juramentorum vel aliquorum vel alicuius eorum per eius et eorum quilibet super istis tractatibus parandorum; ac eciam jurabunt quod, si sine eorum peticione vel procuracione qualitercumque cum eisdem vel altero eorumdem super omnibus juramentis vel aliquibus seu aliquo eorum super istis tractatibus prestandis fuerit dispensatum, vel a predictis juramentis sive aliquo eorum fuerint ambo vel eorum alter absoluti sive absolutus, non acceptabunt dictam dispensacionem, relaxacionem seu absolucionem nec utentur sive utetur eisdem absolucionibus, relaxacionibus sive dispensacionibus quovismodo. Et similibus modo et forma ac per eadem verba jurabit dictus dominus rex Castelle, Legionis et Portugalie non petere absolucionem, relaxacionem, dispensacionem omnium juramentorum vel aliquorum vel alicuius per eum super istis tractatibus prestandorum, nec ipsas dispensacionem, relaxacionem vel absolucionem acceptare aut eis uti quovismodo.

xx. Item: dicti domini dux et ducissa jurabunt quod omnes obsides sive obstagias sibi *[365v]* danda, simul vel successive, tenebunt in bono statu eis condecenti et securo, et eorum vitam et salutem ac cuiuslibet eorum pro posse observabunt quamdiu in eorum vel alterius eorum fuerint potestate detenti et donec dicto regi vel aliis ad hoc per eum deputatis fuerint restituti, ubicumque voluerint libere deducenda; et tenebuntur modo predicto expensis dicti regis; et quod obsides dandi pro solucione .c. millium francorum secundo solvendorum non transportabuntur in Angliam, set manebuntur citra mare. Allia vero obstagia transportabuntur et tenebuntur ubi dicto domino duci placuerit dumtamen tempore restitucionis eorum sint parati dicti obsides in locis vel loco ubi solucio est vel erit facienda. Et insuper predicti dominus dux et domina ducissa et eorum quilibet tenebuntur memorates obsides preservare indempnes a se et suis subditis et a domino rege Anglie et eius subditis et a Portugaliensibus et ab alligatis dicti regis Anglie et eiusdem domini ducis et eorum alligatis et subditis donec dicto domino rege Castelle fuerint, ut in istis tractatibus continetur, restituti. Et si contigerit dictos obsides vel aliquem eorum capi vel impediri per dictum regem Castelle vel suos subditos vel per alligatos eius vel eorum subditos, quod dictus dominus rex Castelle teneatur restituere obstagia sic capta vel alia eque sufficiencie dictis dominis duci et ducisse et solvere iuxta obligacionem per dictum dominum regem Castelle dictis dominis duci et ducisse super dictis solucionibus faciendam.

xxi. Item: idem dominus Johannes rex Castelle, Legionis et Portugalie contrahet amicicias cum dicto domino Johanne duce Lancastrie tempore publicacionis et firmacionis publice istorum tractatuum, salvis et servatis semper ligis, confederationibus et amiciciis quibus idem dominus rex tenetur regi Francie et aliis sibi colligatis, quibus propter dictam amiciciam non intendit in aliquo derogare.

xxii. Item: dictus dominus dux Lancastrie contrahet amicicias cum dicto domino Johanne rege Castelle, Legionis et Portugalie eo tempore in proximo capitulo supradicto, salvis et servatis ligis, confederationibus et amiciciis quibus idem dux tenetur regi Anglie et aliis sibi colligatis, quibus propter dictam amiciciam non intendit in aliquo derogare.

xxiii. Item: pro firmitate horum tractatuum et capitulorum ac omnium et singulorum in eisdem contentorum predicti dominus rex Castelle, Legionis et Portugalie et dominus dux et domina Constancia eius uxor et eorum quilibet jurabunt ad Sancta Dei Evangelia, manibus cuiuslibet eorum tacta, quod bona fide, fraude et dolo cessantibus quibuscumque, facient et adimplebunt omnia et singula in istis tractatibus contenta et quodlibet contentorum in eisdem, ita quod quilibet eorum faciat et adimpleat quod per eum debet adimpleri, et nichilominus quod quilibet eorum fideliter laborabit et procurabit et dabit consilium, auxilium et favorem ut omnia et singula in istis tractatibus contenta debitum sortiantur effectum. Et insuper, dictus *[366r]* dominus Enrricus, tanquam primogenitus et heres dicti domini regis, jurabit ad Sancta Dei Evangelia quod tenebit, servabit et adimplebit omnia et singula in istis tractatibus contenta pro parte dicti domini regis patris sui tractata, firmata et jurata; et quod nunquam contra ea veniet nec venire procurabit in toto nec in parte jure successionis aut alia quavis causa, et quod non petet relaxionem, dispensacionem seu absolucionem dicti juramenti; ac eciam quod, si absque eius peticione vel procuracione per aliquem superiorem fuerit a dicto juramento absolutus vel fuerit cum eo super ipso dispensatum, non utetur dictis absolucione vel dispensacione quovismodo. Et similiter dicta domina Catherina jurabit ad Sancta Dei Evangelia quod tenebit, servabit et adimplebit omnia et singula in istis tractatibus contenta pro parte dictorum dominorum ducis et ducisse parentum suorum tractata, firmata et jurata; et quod nunquam contra ea veniet nec venire procurabit in toto nec in parte jure successionis aut alia quavis causa, et quod non petet relaxacionem, dispensacionem seu absoluccionem dicti juramenti; ac eciam quod, si absque eius peticione vel procuracione per aliquem superiorem fuerit a dicto juramento absoluta vel fuerit cum ea super ipso dispensatum, non utetur dictis absolucionibus vel dispensacionibus quovismodo.

xxiiii. Item: predictus dominus rex Castelle, Legionis et Portugalie dabit dicte domine ducisse tres villas, scilicet: Guadalfajaram et Metinam de Campo et Ulmetum, cum omnibus suis territoriis, locis et terris, ut eas habeat et teneat ad vitam suam sub dominio et superioritate dicti domini regis et successorum eius in dictis regnis. Castra tamen seu fortalicia in dictis villis et territoriis vel eorum aliqua consistencia tenebuntur per dictum regem et eius successores ad ipsius regis expensas. In quibus eciam villis et locis et terris ipsa domina ducissa non ponet judices nec officiales nisi regni Castelle naturales. Qua defuncta, predicte ville et loca cum omnibus suis juribus et pertinenciis ad dictum dominum regem et eius coronam libere revertantur. Pro quibus villis et terris dicta domina ducissa parabit juramentum, per se casu quo vadat in dicta regna, alias per procuratorem, dicto domino regi quod nullum dampnum inferet nec procurabit inferri in personam eius aut diminucionem sui status nec successorum suorum in dictis regnis, et si sciret quod aliqui vellent contrarium facere, pro posse obviabit et quanto cicius comode poterit per se vel nuncios fideliter revelabit.

xxv. Item: tam dictus dominus rex Castelle, Legionis et Portugalie quam dicti domini dux et ducissa eius uxor publicabunt et juramentis publice firmabunt et in munimentis publicis reddigi facient hos tractatus usque ad .xl. dies proxime sequentes a die hodierno festivitatis Annunciacionis Beate Marie Virginis computandos, nisi fuerint vere et legitime impediti, et nichilominus, impedimento cessante, predicta adimplere tenebuntur quam cicius poterunt, dolo et fraude cessantibus quibuscumque, vel fieri facient publicacionem et firmacionem *[366v]* predictam ante dictum terminum .xl. dierum si commode poterunt. Et similiter et in eodem tempore dicte publicacionis, dicti domini dux et ducissa vel eorum alter tradent seu tradi facient dictam dominam Catherinam vivam in loco securo in potestate dicti domini regis vel aliorum de eius mandato, ut in istis tractatibus plenius continetur.

xxvi. Item: tam dictus dominus Johannes rex Castelle, Legionis et Portugalie quam dictus dominus Johannes dux Lancastrie et dicta domina ducissa eius uxor fieri facient de hiis omnibus et singulis publica instrumenta solemniora et validiora et fortiora que fieri poterunt ad consilium et ordinacionem peritorum partis utriusque. Verum si una partium per aliam requisita peritos suos dare distulerit, quod dicta instrumenta fiant ad consilium peritorum partis alterius in utroque casu, nichil de substantialibus contentis in istis tractatibus immutando.

6. The Treaty of Bayonne

[Crónica del rey don Juan I, pp. 118-19][46]

[i] *Primeramente, que el Rey e el Duque de Alencastre jurarian e farian todo su poder, sin ninguna arte nin mal engaño, para asosegar el fecho de la union de la Iglesia de Dios, porque la cisma que era en ella a todo su poder se tirase.*

[ii] *Otrosi, que farian todo su poder por facer la paz entre los Reyes de Francia e de Inglaterra, o por poner entre ellos tregua luenga.*

[iii] *Otrosi, que los dichos Rey de Castilla e Duque de Alencastre, e la Duquesa Doña Costanza, su muger, farian sin ningun engaño que se ficiese casamiento por palabras de presente del Infante Don Enrique, fijo primogenito del Rey Don Juan de Castilla, con Doña Catalina, fija de los dichos Duque e Duquesa; e que del dia quel trato fuese jurado e firmado, fasta dos meses, publicamente solenizarian el dicho casamiento en faz de la Iglesia, e que se consumaria lo mas aina que ser pudiese. Otrosi, que el Infante Don Ferrando, fijo legitimo segundo del dicho Rey de Castilla, non casaria nin se desposaria con ninguna muger fasta que su hermano el Infante Don Enrique fuese de edad de catorce años, para poder con derecho otorgar el matrimonio e desposorio por palabras de presente; e que el dicho Infante Don Ferrando lo juraria asi. Otrosi que acaesciendo muerte del dicho Infante Don Enrique antes de la edad de los catorce años, non seyendo consumado el matrimonio, que la dicha Doña Catalina casaria con el dicho Infante Don Ferrando.*

[iv] *Otrosi, que el Rey de Castilla faria donacion al Infante Don Enrique, su fijo, e a la dicha Doña Catalina, para se mantener bien e sostener las cargas del casamiento, destos logares, es a saber: la cibdad de Soria, e las villas de Almazan, e Atienza, e Deza, e Molina con todos sus terminos.*

[v] *Otrosi que fasta dos meses primeros siguientes del dicho trato ficiese el Rey Cortes, e jurara en ellas a los dichos Infante Don Enrique su fijo, e Doña Catalina, asi como su muger, por herederos suyos de Castilla e de Leon.*

[vi] *Otrosi quel dicho Rey de Castilla diese e pagase al Duque de Alencastre, e a la Duquesa Doña Costanza, su muger, seiscientos mil francos del cuño de Francia, de buen oro e justo peso, seyendo entregada a el la dicha Doña Catalina, fija de los dichos Duque e Duquesa Doña Costanza su muger, para ser muger del dicho Infante Don Enrique, su fijo, segund era ya tratado; e que los dichos Duque e Duquesa Doña Costanza, su muger, renunciasen e demitiesen en el Rey Don Juan e sus herederos, segund dicho es, todo el derecho que decian que avian, si le avian, en los Regnos de Castilla e de Leon e señorios e tierras subditas al Rey de Castilla. Otrosi, que esta quantia destos seiscientos mil francos se pagase a ciertos terminos que entre si ordenaron.*

[vii] *Otrosi, que el dicho Rey de Castilla e sus herederos daran e pagaran a los dichos Duque de Alencastre e Duquesa Doña Costanza, su muger, por toda su vida dellos, e de qualquier dellos, cada año quarenta mil francos de buen oro e justo peso; e puesto que el uno moriese, el otro que viviese gozase la dicha suma de los quarenta mil francos por su vida; e esto en terminos ciertos por ellos asignados, e puestos en la cibdad de Bayona.]*

[Reg. Aven. MS 305, fol. 548r]

[vii] ... la moneda e aquella poner en nave, ga*[lea o]*[47] otro vaxello, e por el navio bienes familiares e cosas dellos, para que salvamente vengan a los reynos de Castiella e salvamente e liberamente queden e salvamente se ende tornen, e enbien los dichos salvos conductos a la ciudad de Bayona e ferlos han livrar al mayor o al prebost de la ciudat. E en caso de la cerqua sobredicha, como a los sobredichos duque e duquessa de Lencastre pertenescan los casos fortuitos sinon que vengan por enganyo o malicia o culpa del dicho rey o de los suyos, lo que non Dios quiera, en el cual caso al dicho rey e succesores en los dichos reynos e non a los dichos duque e duquessa pertenesceran, ante del termino de la paga fazedera por un mes entero, asi que al dicho rey e a sus succesores quede un mes entero por apparejar la paga fazedera, los dichos duque e duquessa seran tenudos embiar su procurador al lugar de Fuenterabia a convenir del lugar do en aquel caso se deve fazer la paga, a veyer contar las monedas e ponerlas en nave, galea o otro vaxiello. E si los procuradores de los dichos duque e duquessa non pudieren o non quisieren venir como dicho es enbiando salvo conducto por un mes entero ante el termino de la paga la ora fazedera en el lugar de Fuenterabia como es dicho, en este caso el dicho rey e successores e procuradores suyos faran levar la moneda la ora devida, a comunas despesas e so los periglos de suso declarados, ha Bordeu o en Anglaterra en uno de

los lugares de suso nonbrados ha eleccion del rey, herederos e procuradores suyos. E si en el tiempo que se deviere fer la paga la ciudat de Bordeu fuere cercada o sitiada, sera fecha la paga en Inglaterra en uno de los logares sobredichos so la forma de suso declarada. E si el dicho duque o duquessa fueren negligentes o tardos en enbiar el salvo conducto en los casos en que son tenudos de lo embiar por[48] la paga non se pueda fazer en el dicho termino e lugar assignado e se aya retardar,[49] toda frau, enganyo e mal ingenio del dicho rey e de los suyos tirados, el dicho e sus herederos sean relevados de la pena, danyos e interesse e despesas por la paga non seyer fecha en aquel termino e lugar, e por esto non se proceda cuentra el e sus successores en juicio o fuera del; mas queden tenudos a la paga de la moneda en aquel termino devida despues que el salvo conducto fuere enbiado al dicho lugar de Fuenterabia dentro dos meses en el lugar designado, so las penas e censuras en las cartas *[548v]* de las obligaciones contenidas, *[e]* si fallecieren en ello, puedan los dichos duque e duquessa cuentra ellos procedir segunt la fuerça e tenor de las obligaciones sobre esto fechas. E si, fuera de caso de sitio o cerca do los casos fortuitos pertenezquan al dicho rey e herederos suyos aunque sin culpa, frau o malicia suya o de subditos o alligados suyos o de subditos de sus alligados e de caduno de los sobredichos binieren, la pecunia o moneda la ora pagadera sea perdida o enpachada en tal que el termino e lugar assignados[50], frau o enganyo qualesquiere tirados, non se pueda fazer, aun en aquel caso los dichos rey e herederos suyos sean relaxados de la pena e despesas, danyos e interesse por razon de la paga non fecha en el termino e lugar devidos, nin contra ellos nin qualquiere dellos sea procedido por esto en juizio o fuera del; mas queden tenidos[51] a fazer paga de las dichas monedas depues sera avida sabiduria del caso fortuito o enbargo sobredicho en los lugares de Bayona o de Fuenterabia o de Sant Sabastian o fecha requisicion o denunciacion por los dichos duque e duquessa, procuradores o gentes suyas al dicho rey o procuradores suyos o al prebost o alcayde de Fonterabia dentro seys meses depues continuamente siguientes, so las penas, danyos, despesas e interesse en el instrumento e letras de las obligaciones; e si fallecieren en ella, puedan los dichos duque e duquessa cuentra ellos procidir, segunt la tenor de las dichas obligaciones. E assi por los quarenta mil francos en cada un anyo pagaderos como por los dichos quinientos mil como de suso es descrevido pagadores,[52] el dicho senyor rey de Castiella e de Leon obligara si[53] e sus sucessores en los dichos reynos so obligacion de sus bienes e de los bienes de sus reynos. E de estas cosas seran fechos valederos e publicos instrumentos a consejo de sabidores, las cosas sustanciales non mudadas.

    viii. Otrossi: el dicho senyor duch de Lancastre e la dicha dona

Costança su muger ensemble e en aquel mesmo tiempo que el dicho senyor rey de Castiella e de Leon pagasse o pagar fiziesse a los dichos senyores duque e duquessa los cient mil francos primero pagaderos e avra livrado o fecho livrar a ellos personas sufficientes en ostages o obsides por los cient mil francos segundamente pagaderos, e otros obsides o ostages por los restantes quatrozientos mil francos, e huviere fecho e livrado *[549r]* o fecho livrar a los dichos duque e duquessa *[por los]* dichos quinientos mil francos e por quarenta mil francos en cada un anyo pagaderos, como es dicho, sufficientes e razonables obligaciones, entonce el dicho senyor duque e la dicha dona Costança su muger e cada uno dellos livraran o livrar faran la dicha dona Catherina en poder del dicho senyor rey de Castiella e de Leon o de otros por el a esto deputados viva e en lugar seguro, para que la lieven e tengan en los reynos de Castiella e para que case matrimonialmente con el dicho don Enrique. E aun la ora ensemble e en esse mesmo tienpo, amos los dichos senyores duque e duquessa e cada uno e el uno dellos transferran puramente, liberamente e por su grado, simplemente e sin condicion alguna callada o expressa, todo el derecho, si alguno han, en los dichos reynos de Castiella, de Leon, de Toledo, de Galizia, de Sevilla, de Cordova, de Murcia, de Jahen, del Algarve e de Aljezira, e en los senyorios de Lara e de Vizcaya e de Molina en el dicho senyor don John rey de Castiella e de Leon e en sus successores discendientes del legitimamente por derecha linea, so forma en estos tractados de yuso scripta, ordenara[54] mas largamente ha consejo de sabidores, las cosas sustanciales non mudadas. Empero, quando los dichos cient mil francos segundamente pagaderos fueren por parte del dicho señor rey a la partida de los senyores duque e duquessa pagados, seran tenudos los dichos señores duque e duquessa e cada uno dellos restituir a la partida del dicho senyor rey los ostages por los dichos cient mil francos recebidos, pora que liberamente sean reduzidos a los reynos de Castiella. Esso mesmo seran tenudos fazer de los otros ostages, remetiendo la meatad de los ostages al tiempo de la paga de los dozientos mil francos e los otros ostages al tiempo de la restante paga, quando los postrimeros dozientos mil francos ha ellos fueren pagados. E si en el tiempo de medio alguna o algunas persona o personas de los ostages sobredichos conteciere morir o foyr del ostage, que el dicho senyor rey quede obligado como ante la muerte o fuyta de aquella o aquellas era obligado, e demas sea tenudo livrar en el tiempo en las obligaciones expressados[55] a los dichos senyores duque e duquessa en lugar de las personas muertas o fuydas otros ostages suficientes por pagar los francos restantes a pagar en aquel tiempo de las sumas sobredichas. E qualesquier ostages que fueren dados a los dichos señores de los qua-*[549v]* les el dicho senyor rey de Castiella e de Leon o sus successores por tiempo juraran seyer suficientes a pagar la suma o sumas por las quales fueren dados, aquellos seran judgados sufficientes.

ix. Otrossi: el dicho señor don John rey de Castiella e de Leon ayudara al rey de Francia contra el rey de Anglaterra por mar con aquel nombre de galeas e navios que es contenido en los tractados e ligas entre los dichos senyores rey de Castiella e rey de Francia firmados fasta la fiesta de Navidat de Sant John Babtista del anyo de Nuestro Senyor de mil e trezientos ochenta e siete, e non ayudara al dicho rey de Francia[56] cuentra el rey de Inglaterra por mar con mayor nombre de galeas e navigios que en las dichas ligas e tractados se contiene.

x. Otrossi: el dicho señor rey de Castiella e de Leon, dentro dos anyos continuamente siguientes e contaderos del dia que el dicho matrimonio entre el dicho infante don Enrique e la dicha dona Catherina fuere solepnemente en la iglesia celebrado, soltara de las prisiones en que son detenidos don Sancho e don Diego, fijos del rey don Pedro que fue de Castiella, e don Pedro, fijo de don Ferrando de Castro. E fara a los dichos fijos del dicho rey mercedes donde honestamente puedan bevir, e al dicho don Pedro mandara restituir los bienes que fueron de su padre los quales perdio por quanto tuvo la boz del dicho rey don Pedro o del dicho duque o de la dicha dona Costança su mujer; e si en otra manera se dize el dicho don Ferrando de Castro aver perdido los dichos bienes o ellos no aver pertenescido al dicho don Pedro su fijo, el rey mandara que le sea fecho complimiento de justicia. Empero, este capitol e todas las cosas en el contenidas queden en suspenso, fasta que el dicho señor don Johan rey de Castiella e de Leon e el señor duque sobredicho, por si o procuradores suyos, dentro los dos anyos ensemble acuerden que sea fazedero sobre esto.

xi. Otrossi: el dicho señor rey perdonara a todas las ciudades, castiellos e villas e a los habitantes en ellas e a los varones e cavalleros e otras personas qualesquier las quales publicamente adhesieron a los dichos señores duque e duquessa su mujer e tuvieron su voz despues que el dicho duque entro en Gallicia, por quanto a los dichos señores duque e duquessa como dicho es adhesieron; es saber, a aquellos que fueren trobados al tiempo de la firma publica de estos contractos a ellos publicamente aderentes doquier que fueren al tiempo de la tradicion de la dicha dona Catherina; e mandarles ha [550r] restituir todos sus bienes que possedian al tiempo que [a] los dichos señores duque e duquessa como dicho es adesieron, mandando les dar letras sufficientes de perdon e restitucion de sus bienes, si las demandaren dentro quatro meses contaderos del tiempo de la tradicion de la dona Catherina.

xii. Otrossi: el dicho señor rey generalmente perdonara a todos aquellos que tovieron con el dicho rey don Pedro e con los dichos señores duque e duquessa ante que entrassen en Gallicia publicamente adhesieron, por quanto en el dicho rey don Pedro tuvieron, e a los dichos señores, como dicho es, adhesieron; es a saber, a aquellos que fueren trobados al tiempo de la firma publica de estos contractos a los dichos señores publicamente adherentes; e mandarles ha dar letras sufficientes de perdon, si las demandaren dentro quatro meses contaderos del tiempo de la tradicion de la dicha dona Catherina.

xiii. Otrossi: el dicho señor don John duque de Lencastre e la dicha dona Costança su mujer juraran a los Santos Evangelios de Dios corporalmente por sus manos toquados que el derecho, si alguno han o aver se pretienden o huvieron o haver se pretendieron amos e cada uno dellos en los dichos regnos de Castiella, de Leon, de Toledo, de Gallicia, de Sevilla, de Cordova, de Murcia, de Jahen, del Algarve, de Algezira, e en los senyorios de Lara, de Vizcaya e de Molina o en parte dellos, e en las ciudades, villas, castiellos, lugares, e en los naturales e naturalezas dellos e en los habitantes en ellos, que non lo alienaron nin obligaron amos o el uno dellos por si nin por otro en parte nin en todo, nin renunciaron el dicho derecho en todo nin en partida. E si fuer trobado ellos o alguno dellos aver fecho alguna cosa que embargue la sobredicha translacion, cession e renunciacion por que non pueda aver effecto valedero en todo o en partida en qualquier manera, que el dicho señor duque e duquessa e cada uno dellos sean tenudos guardar non danyados el dicho señor e sus successores en los dichos *[regnos]*.[57]

xiv. Otrossi: el dicho señor don John duque de Lencastre, fijo del illustre don Eduart rey que fue de Inglaterra, e la dicha dona Costança, su mujer e fija de don Pedro rey que fue de Castiella, de voluntat e consentimiento e licencia del dicho duque, la qual licencia, voluntat e consentimiento el dicho duque dara expressamente a la dicha Costança demandante lo del, e cada uno dellos puramente por su voluntat e liberamente e de cierta sciencia transferran en el dicho señor don Johan rey de Castiella e de Leon, fijo del illustre don *[550v]* Enrique rey que fue de Castiella e de Leon, e en sus successores de su cuerpo por derecha linea legitimamente descendientes, e dexaran e renunciaran al dicho señor rey don John e a los dichos successores suyos por razon de transaccion e de amigable composicion todo derecho, si alguno han amos e cada uno dellos o aver pretienden o ovieron o aver se pretendieron amos e cada uno e el uno dellos, e a ellos competesce o competio o competer pudo e a cada uno e al uno dellos por qualquier titulo, occasion o causa, en los regnos de Castiella, de Leon, de Toledo, de Gallicia, de Sevilla, de Cordova, de Murcia, de Jahen, del Algarve, de Aljezira, e en los senyorios de Lara e de Vizcaya e de Molina, e en algunos o en alguno dellos, e en todos e singulares senyorios e tierras, ciudades, villas, castiellos, fortalezas e lugares de esos mesmos reynos e senyorios, e en los naturales e naturalezas dellos, e en los habitadores en ellos e en cada uno dellos, *[...]*[58] si alguno han, o huvieron, o haver pudieron el dicho señor duque e la dicha dona Costança su mujer e cada uno e el uno dellos, *[...]*[59] pertenece o pertenecio en qualquiere manera, por que lo haya el dicho senyor rey don John, rey de Castiella e de Leon por derecho de señorio e por derecho real todos los tiempos de su vida; e despues de su muerte, que haya aquel derecho e pleno señorio en todos los dichos regnos e señorios e otros sobredichos e en cada uno dellos por derecho de señorio e derecho real todos los tiempos de su vida *[don Enrique]*.[60] E depues muerte[61] del dicho don Enrique, que aya[62] aquel derecho e pleno señorio en los dichos reynos e senyorios e todos los otros sobredichos e de cada uno dellos por derecho de señorio e derecho real sus successores de su cuerpo e de la dicha dona Catherina, fija del dicho señor duque e de la dicha dona Costança su mujer, la qual con el dicho infante, Dios queriendo, fara matrimonio, descendientes, aunque sean nietos o de grado mas infimo. E si la dicha dona Catherina muriere sin procurar fijos del infante, lo que Dios non quiera, que ayan aquel derecho e pleno señorio por derecho de señorio e derecho real los otros successores del dicho señor infante don Enrique de su cuerpo por derecha linea e de legitimo matrimonio descendientes, aunque sean nietos o otros de grado mas ynfimo; los quales no seyendo, que aya el dicho derecho e pleno señorio en los dichos reynos e señorios e todos los otros sobredichos e en cada uno dellos por derecho de señorio e por de*[55lr]*recho real el infante don Ferrando, se*[gundo]* genito del dicho rey de Castiella e de Leon; e despues de su muerte hayan aquel derecho sus legitimos successores por derecha linea de su cuerpo descendientes, aunque sean nietos o otros de grado mas ynfimo; e si el muere sin fijos por la dicha manera del decendientes, que la ora el dicho derecho e pleno señorio hayan por derecho de señorio e derecho real los otros successores legitimos por derecha linea del cuerpo del dicho don Johan rey de Castiella e de Leon descendientes; e si el dicho rey muriere sin fijos por la dicha manera del decendientes, el dicho derecho e pleno señorio, si alguno han o huvieron o pudieron aver el dicho señor duque e la dicha dona Costança su mujer e qualquiere dellos, *[pertenesca a ellos]*[63] e a la dicha dona Catherina, heredera dellos agora parescient, o otros descendientes legitimamente del matrimonio que agora es entre los dichos señores duque e duquessa, aunque sean nietos o de grado mas ynfimo, si e segunt que agora a ellos e a cada uno dellos pertenesce o la ora pertenescera. E aun esto fue fecho e especialmente entre las partes convenido e declarado: que si despues que las dichas translacion, cession e renunciacion del dicho señorio e derecho fueren fechas por los dichos señores duque e duquessa e cada uno dellos en el dicho rey don Johan e sus successores de su cuerpo legitimamente descendientes el dicho rey e sus successores por qualquiere llegado color por tres años continuos cessaren e fazer dexaren entera e acabada paga de los dichos quarenta mil francos a los dichos duque e duquessa en cada un año pagaderos segunt la forma e efecto de la obligacion a los duque e duquessa otorgadera, que aun en este caso el dicho duque e duquessa e cada uno dellos e el uno dellos e el que biviere dellos, herederos e successores suyos, retornen al primero derecho suyo e antigo, si e segunt ante lo avian, en los dichos reynos e señorios, que puedan la ora fazer aquellas cosas contra el dicho rey don Johan, herederos e successores suyos, e contra los dichos reynos e senyorios, que ante las dichas translacion, cession e renunciacion fazer podian e devian, no contrastantes la dicha cession, translacion e renunciacion; e que retornamiento alguno del dicho derecho nin recision o resolucion de las dichas cession, translacion e renunciacion del dicho derecho e señorio de los dichos regnos e señorios en el dicho rey don Johan e sus successores sobredichos por los dichos duque e duquessa fazederas no haya lugar nin pueda assi vendicar fuerça por qualquiere razon, occasion o causa en nengun otro caso por razon de estos tractos e translacion, promissiones e juramentos fechos *[551v]* fazederos[64] e aun instrumentos de e sobre ellos general o specialmente fazederos, sinon tan solamente en los dos casos sobredichos specialmente expressados.

xv. Otrosi: que el dicho don Johan duque de Lencastre e la dicha dona Costança su mujer o el uno dellos non se pretendiran[65] o firmaran aun algun derecho de fecho nin de derecho en los dichos reynos e señorios ni en algunos o alguno de aquellos, que[66] en las ciudades, villas, castiellos, lugares, fortalezas, tierras e naturalezas e naturaledades sobredichas el qual fasta agora se pretendian o fasta agora pretender podian en qualquier manera. Ante, nunca jamas por essa razon, occasion o causa por si o por otro o por otros los dichos regnos e señorios, ciudades, villas, castiellos, fortalezas, lugares e tierras de los dichos regnos e senyorios o alguno dellos entraran, invadiran, nin por la dicha occasion o causa en ellos o en algunos o alguno dellos nin en parte dellos guerra faran nin procuraran nin mandaran. Aquello empero salvo que si casos conteciessen de reversion de los dichos reynos e senyorios a ellos como de suso en el mas cerquano capitulo se contiene la oras[67] por las cosas contenidas en el primer capitol presente por los dichos duque e duquessa fazederas e juraderas non sea engenrado perjudicio alguno a ellos nin a sus successores sobredichos por que non puedan la ora fazer aquellas cosas contra los dichos regnos e señorios que agora podrian licitamente fazer. E todas aquestas cosas sobredichas faran el dicho señor duque e la dicha señora duquessa e cada uno dellos con juramentos e promissiones de non contravenir so gravissimas penas e submission a censsuras o sentencias de Sancta Madre Iglesia.

xvi. Otrossi: que el dicho don Johan duque de Lencastre e la dicha dona

Constança su mujer e cada uno dellos liberamente dexen, livren e restituan al dicho don Johan rey de Castiella e de Leon todos e qualesquiere lugares, aunque sean ciudades, fortalezas, castiellos e villas, que el dicho señor duque e la dicha senyora duquessa e cada uno o el uno dellos tienen o tovieren por si o por otros en los dichos regnos e senyorios, senyaladamente en el regno de Gallicia, e en tal manera que el dicho señor rey pueda de aquellos usar como solia ante que el dicho señor duque e la dicha señora duquessa su mujer en Gallicia viniessen.

xvii. Otrossi: que el dicho don Johan duque de Lencastre e la dicha dona Costança su mujer e cada uno dellos relaxaran todos los juramentos, promissiones e omenages que ha ellos o ha uno dellos avran fecho los regnos *[552r]* e señorios sobredichos, castiellos, villas, *[ciu]*dades, fortalezas e qualesquiere otros lugares en los dichos regnos e señorios constituidos, e prelados e varones e cavalleros quiere[68] otras personas de los dichos regnos e señorios de qualquiere condicion, preheminencia e dignidat sean e por qualquiere nombre sean designadas, siquiere los dichos juramientos, promissiones e omenages sean fechos generalmente o specialmente, publicamente o amagadamente; salvo empero a ellos en los casos de reversion sobredicha en el .xiiii. capitulo contenida plenamente el derecho suyo de usar de las dichas promissiones e juras si e quanto agora podrien, non costrastando[69] la relaxacion sobredicha. E los dichos señores duque e duquessa e el uno dellos realmente e de fecho livraran e livrar faran al dicho señor rey o otro o otros a esto por el deputados todos e singulares instrumentos, scripturas de promissiones, juramentos e homenages sobredichos, que por si o otro han o aver pudieren; e la restitucion de las dichas scripturas se fara dentro .viii. dias contaderos del tiempo de la publicacion de estos tractos, e las que la ora non se podran aver seran restituidas depues quanto mas ayna se pueda sin danyo fazer, qualesquiere frau e enganyo tirados.

xviii. Otrossi: el dicho señor duque e la dicha dona Costança su mujer juraran a los Santos Evangelios de Dios de las manos de cada uno dellos corporalmente toquados que cada uno dellos non juro nin prometio nin protesto de no alienar el derecho sobredicho o partida del o de non renunciar al sobredicho derecho o dar lugar en el o de transferirlo en otro, nin juraron que si lo uviessen transferido, alienado o dado lugar en el o renunciado de revocar la dicha alienacion, cession o renunciacion. E el dicho señor rey de Castiella e de Leon jurara semblantmente que el non juro non obligarse nin en los regnos sobredichos por sumas de moneda o alguna dellas en estos tractados contenidas, e que si lo huviesse jurado o sse obligado que non juro la obligacion o obligaciones por el fazederas revocar o non guardar o non complir o contravenir, en todo o en partida, por qualquier titulo, occasion o causa.

xix. Otrossi: el dicho señor duque e la dicha dona Costança su mujer non demandaran, de derecho o non derecho, relaxacion, absolucion e dispensacion de todos los juramentos o de algunos o alguno dellos por ellos e cada uno dellos sobre estos tractados fazedores. E aun si sin demanda o procuracion dellos en qualquiere manera con ellos o el uno dellos so *[552v]* bre todos los juramentos o algunos o alguno dellos sobre estos tractados prestadores e fazedores fuere dispensado, o de los dichos juramentos o alguno de ellos fueren ellos amos o el uno dellos absueltos o absuelto, non aceptaran la dicha dispensacion, relaxacion o absolucion nin usaran o usara de las dichas absolucion, relaxacion o dispensacion de todos los juramentos o de algunos o de alguno en qualquiere manera. E en semblant manera e forma, el dicho señor rey de Castiella e de Leon non demandara absolucion, relaxacion o dispensacion de todos los juramentos o de algunos o de alguno por el sobre estos tractados fazedores, nin las dichas dispensacion, relaxacion o absolucion aceptara o usara dellas en qualquiere manera.

xx. Otrossi: los dichos señores duque e duquessa ternan todos los obssides o ostages a ellos donadores ensemble o successivamente en buen estado a ellos concedent o convenible e seguro, e la vida e salut dellos e de cada uno de ellos por su poder conservaran mientre fueren detenidos en poder de ellos e del uno dellos, e fasta que al dicho rey o a otros por el deputados a esto fueren restituidos doquier que los quisieren liberamente levadores. E seran tenudos en la manera sobredicha ha despesas del dicho rey. E por las guardas del ostage o ostages de la primera paga fasta el termino de ella non pagara alguna cosa el rey sobredicho, mas si, lo que non sea, falleciere en la paga, del termino en adelante pagara por las guardas necessarias por los dichos señores duque e duquessa deputandas medio franco de oro cada dia por cada una guarda; e por las guardas de los ostages de las otras pagas restantes e fasta a nombre de seys guardas pagara cada dia por cada uno[70] fasta el termino de las pagas fazederas medio franco; e fecha la primera paga, sera tirada la meatad de las dichas guardas; e de los terminos de las pagas en adelante, si fallesciere en ellas, pagara por cada una de las guardas necessarias por los dichos duque e duquessa deputandas medio franco cada dia. E el ostage o ostages dadores por la paga de los cient mil francos secundamente pagadores non seran trespassados en Inglaterra mas quedaran aquende de la mar; mas los otros ostages seran trespassados e tuvidos do a los dichos señores duque e duquessa plazera aquende o allende la mar; mas al[71] *[553r]* tiempo de la restitucion dellos seran app*[arados]* los dichos ostages en los lugares o lugar do la paga deve o deviere seyer fecha. E demas los dichos senyores duque e duquessa e cada uno dellos seran tenudos los dichos ostages salvar o guardar de danyo de si e de sus subditos e de portugaleses e de los colligados con el rey de Inglaterra e con el dicho señor duque e subditos de los dichos colligados, fasta que al dicho señor rey de Castiella fueren restituidos segunt que en estos tractos se contiene. E si conteciere los dichos ostages o el uno dellos seyer presos o empachados por el dicho rey de Castiella o sus subditos o por colligados suyos o subditos dellos, que el dicho rey de Castiella sea tenudo restituir los ostages assi presos a los duque e duquessa o otros egualmente sufficientes e pagar segunt las obligaciones por el dicho señor rey de Castiella a los dichos señores duque e duquessa sobre las dichas pagas fazederas.

xxi. Otrossi: el dicho señor rey de Castiella e de Leon fara amistanças con el dicho don Johan duque de Lencastre al tiempo de la publicacion de estos tractos, salvas e guardadas siempre las ligas, confederaciones e amistanças en las quales el dicho señor rey es tenudo al rey de Francia e a los otros a el colligados, a los[72] quales por la dicha amistança no entiende en alguna cosa derogar.

xxii. Otrosi: el dicho señor duque de Lancastre fara amistanças con el dicho don Johan rey de Castiella en el tiempo en el capitulo mas cerquano sobredicho, salvas e guardadas siempre las ligas e confederaciones e amistanças en las quales el duque es tenido[73] al rey de Inglaterra e a los otros a el colligados, a los[74] quales por la dicha amistança entiende[75] en alguna cosa derogar.

xxiii. Otrosi: el dicho don Johan rey de Castiella e de Leon dara a la dicha señora duquessa tres villas: es a saber, Guadalfajara, e Medina del Campo et[76] Olmedo con todos sus terminos, lugares e tierras, para que las aya e tenga a su vida so señorio e superioridat del dicho rey e de sus successores en los dichos reynos. Empero, los castiellos o fortalezas en las dichas villas e tierras o en alguna dellas construidos seran tenudos por el dicho señor rey e sus successores ha despesas del dicho rey. En las quales villas, lugares e tierras la dicha duquessa non porna juezes ni officiales sino del regno de Castiella naturales. E muerta ella, las sobredichas villas, lugares e tierras con todos sus derechos e pertenencias, libe *[553v]* ramente retornen al dicho señor rey e a su corona. Por las quales villas e tierras, la dicha señora duquessa fara juramiento en caso que vaya a los dichos regnos, en otra manera por procurador, al dicho señor rey que nengun danyo non dara nin procurara dar a la persona del dicho rey ni a diminicion[77] de su stado ni de sus successores en los dichos regnos; e si supiere que algunos quisiessen el contrario fazer, por su poder hi contrastara e quanto mas ante buenamente pudiere por si o por mensageros fielmente jelo revelara.

xxiv. Otrosi: por firmeza de estos tractos e capitulos e todas e singulares cosas en ellos contenidas, los sobredichos señores el rey de Castiella e de

Leon e el duque de Lencastre e dona Costança su mujer e cada uno dellos juraran a los Santos Evangelios de Dios con manos de cada uno dellos toquados que en buena ffe, frau e enganyo qualesquiere tirados, faran e compliran todas las cosas e singulares dellas en estos tractos contenidas e cada una cosa de las contenidas en ellos, assin que cada uno dellos faga e cumpla lo que por el se deve complir e no res menos, que cada uno dellos fielmente trabajara e procurara e dara consejo, ayuda e favor que todas e singulares cosas en estos tractos contenidas consigan efecto devido. E demas, el dicho Enrique assi como primogenito e heredero del dicho señor rey jurara a los Santos Evangelios de Dios que terna, guardara e complira todas e singulares cosas en estos tractos contenidas por parte del dicho señor rey su padre tractadas, firmadas e juradas, e que nunca cuentra ellos verna nin venir procurara en todo ni en partida por derecho de succession o por otra qualquiere causa, e que non demandara relaxacion, dispensacion o absolucion del dicho juramento, e haun que si, sin su peticion o procuracion, por algun superior fuere absoluto del juramento o fuere con el sobre ello dispensado que no usara de las absolucion o dispensacion en manera alguna. E semblantmente, la dicha dona Catherina jurara a los Santos Evangelios de Dios que terna, guardara e complira todas e singulares cosa en estos tractos contenidas por parte de los dichos señores duque e duquessa padre e madre suyos tractadas, firmadas e juradas, e que nunqua contra ellas verna nin venir procurara en todo ni en partida por derecho de succession o otra qualquiere causa, e que non demandara relaxacion, dispensacion o absolucion del dicho juramento, e aun que si, sin su demanda *[554r]* o procuracion, por algun superior fuere del dic*[ho jur]*amento absuelta o fuere con ella sobre el dispensada non usara de la dicha absolucion o dispensacion en manera alguna.

xxv. Otrosi: es fecho e convenido entre los dichos señores rey e duque e duquessa e aun de comun consentimiento dellos, salvo e reservado que por alguna nominacion, denominacion o agnominacion o comendacion suya o de sus parientes o de alguno dellos por ellos o alguno dellos de consunyo fecha o fazedera en los presentes tractos, transaccion e amigable composicion, instrumentos e letras sobre ellos o por razon o ocasion dellos fazedores e de la una parte e de la otra atorgados o atorgadores so qualquiere forma de palavras expressados por ello non sea denotada o entienda sser otorgada o confessada alguna recognicion, aprovacion[78] de algun derecho de succession e de dignidat ni a ellos ni alguno dellos nin herederos dellos agora o en el tiempo devenidero, *[que]* derecho alguno sea ganado o perjudicio engenrado, *[siendo]* las otras cosas en los presentes tractos, instrumentos e letras sobre ellos fazederos e de la una parte e de la otra otorgados e otorgadores quanto a su verdadero effecto en su fuerça perpetualmente duraderas.⁷⁹

xxvi. Otrosi: convinieron, ordenaron e quisieron las partes sobredichas que de los capitoles en los tractados presentes contenidos e de cada uno dellos ensemble e universalmente, singularment o departidamente, a requisicion e instancia de cada una de essas dichas partes sin llamar la otra partida con auctoridat de juez puedan seer fechos transcriptos publicos, si e quantas vezes por una de las partes fueren requeridos en qualquiere juizio e en todo tiempo fazientes fe e valederos.

xxvii. Item: assi el dicho don Johan rey de Castiella e de Leon como el dicho Johan duque de Lencastre e la dicha señora duquessa su mujer faran fazer de todas estas cosas e singulares dellas publicos instrumentos, los mas solempnes e mas valederas e mas fuertes que ferse poran, a consejo e ordinacion de sabidores de cada una partida. E si la una parte por la otra requerida sus sabidores dar differrira, que los dichos instrumentos sean fechos a consejo de los sabidores de la otra parte en el uno e otro caso, non dexando cosa alguna de las sustanciales contenidas en estos tractos.

xxviii. Otrosi: por tal que el stillo de las convenciones e ordenaciones sobredichas, tiradas o ambiguidades o dubdas e cavillaciones a partida, fuesse fornido de firmeza, verdat e claredat perpetua, convinieron, ordenaron e quisieron las partes sobredichas que las formas de las apocas o quitaciones o apoca o quitacion las quales los dichos señores duque e duquessa devan dar e fazer al dicho señor rey, e por tiempo a sus successores e a los mensageros o *[554v]* procuradores del o dellos por *[las]* pagas o paga de los francos a ellos fazederas, e del procuratorio o mandamiento del statuidero o ordenadero, statuideros o ordenaderos por el dicho duque e la dicha su mujer, procurador o procuradores o alguno dellos deputaderos a la recepcion de las dichas pagas, otrosi de las absoluciones, quitanças o apocas por el procurador o procuradores de los dichos duque e duquessa e de cada uno dellos recibientes paga o pagas de los franchos o alguna parte dellas fazederas e livraderas por cautelas e liberaciones de los dichos rey e successores suyos e en nombre del e dellos e por parte dellos pagadores, e que las de estos instrumentos se concibiessen e fiziessen en forma e orden de yuso siguiente, las quales formas por esto mandaron aqui enserir e screvir por tal que por semblantes formas por los dichos señores duque e duquessa e cada uno dellos e los suyo o suyos procuradores enbiadas al dicho señor rey e sus successores o a los mensageros e procuradores del o dellos deputados a ir a pagar o a cada uno dellos se devan fer las pagas, e a las partidas daqui adelante sobre esta cosa sea tirada occasion de disceptar.⁸⁰

xxix. Esto fecho e por pacto expresso entre las dichas partes convenido, anyadido e firmado, que todas e singulares pagas fazederas en nombre e por parte del dicho rey o de sus successores a los dichos duque e duquessa o a qualesquiere personas deputadas o deputaderas, ordenadas o ordenaderas por ellos so la dicha forma de yuso scripta, e las quitanças, absoluciones, liberaciones, apoquas, apodixas e cauciones o cautela qualesquiere fazederas e ordenaderas e livraderas por los dichos duque e duquessa e cada uno de ellos o procurador o procuradores suyos concebidas, compuestas e conscriptas so la forma convenida de yuso scripta sean firmadas o fulcidas por perpetual, irrestagable, inmutable e irrevocable firmeza e sin excepcion o contradicion qualquiere en todo tiempo sean valederas. Los quales tenores e formas sobredichas se seguecen e son tales; e primeramente se seguece la forma de la letra de paga o quitacion de los dichos duque e duquessa quando a ellos contecera seyer fecha paga alguna, que sera tal:[81] En nombre de Nuestro Señor Christo.

Confirmation of the Treaty by Both Parties

E despues destas cosas al .viii. dia del dicho mes julio en la Casa de los Menores de la ciudat de Bayona, seyentes nos los dichos notarios[82] delante de los illustres señores don Johan duque e dona Costança duquessa sobredichos, los dichos procuradores e amb[a]xadores de los dichos señores [555r] rey, duque e duquessa los dichos tractados po[r] ellos en la forma sobredicha firmados e jurados ofrecieron al dicho duque e duquessa e cada uno dellos por nos los notarios sobredichos, demandando e requiriendolos que los dichos tractados e todas e singulares cosas en ellos contenidas, las quales ya concordadas e con madura deliberacion firmadas e juradas por los dichos procuradores de comun consentimiento e concordia e en nombre e en almas del dicho rey e semblantmente dellos, quisiessen veyer e examinar, loar e aprobar, emologar e ratificar e confirmar e roborar con juramentos e promissiones, como devan. Los quales dichos duque e duquessa concedientes a la requisicion de *[los dichos procuradores]*[83] los dichos tractados ya de yuso por los dichos procuradores firmados e todas e singulares cosas en ellos contenidas por el maestre Ramon Guillin fizieron a ellos exponer e vulgarizar e distictamente[84] declarar; las quales en assi[85] a ellos e a cada uno dellos exposadas, vulgarizadas e declaradas e por ellos e cada uno dellos plenamente e acabadamente oidas e entendidas deliberadamiente, el dicho señor don John duque e la dicha dona Costança duquessa su mujer, de consentimiento, voluntat e licencia del dicho señor duque marido suyo por ella ahi mesmo en nuestra presencia demandadas e obtenidas,[86] e cada uno dellos por su grado e de cierta sciencia, por sus proprios e liberos arbitrio e voluntat e del derecho e del fecho plenamente informados, loaron, aprovaron, emologaron, ratificaron e confirmaron los dichos tractos e todas e singulares cosas en ellos del cabo fasta la fin contenidas e por los dichos procuradores suyos firmadas e concordadas e en almas suyas e de cada uno dellos ensemble juradas de cierta sciencia, supliendo todos e qualesquiere defectos, si algunos pudiessen en qualquiere manera seyer fallados, en el procuratorio por ellos otorgado a los dichos sus procuradores o en qualesquiere otras cosas por los dichos sus procuradores firmadas, prometidas e juradas. E a mayor firmeza de esto, prometieron a los procuradores e ambaxadores del dicho rey en nombre suyo e por el e cada uno dellos e aun a nos los notarios de yuso scriptos asi como publicas personas en nombre del dicho rey e de aquellos de quien es o fuere interes stipulantes e recibientes e juraron por Dios Todopoderoso e por sus Santos Evangelios de sus manos derechas corporalmente toquados tener e complir de punto a punto inviolablemente observar[87] los dichos tractos e todas e singulares cosas en ellos contenidas en quanto a ellos e a cada uno dellos tanye; otrosi, fazer e curar lealmente en buena fe, frau e engaño quales [555v] quiere tirados, que todas e sing[ulares] cosas en ellos contenidas devido efecto sortiran o avran; es a saber con esta condicion: si el dicho señor don Johan rey de Castiella e de Leon daqui a .xv. dias continuamente siguientes puramente la ora aprovara, emologara, confirmara e jurara los dichos tractos e todas e singulares cosas con[88] ellos contenidas, prometidas e juradas, supliendo todos e qualesquiere defectos, si algunos pudieren en alguna manera seyer fallados en el procuratorio de los dichos sus procuradores o en las cosas sobredichas por ellos fechas, firmadas e juradas.

Fechas fueron estas cosas en el dicho .viii. dia del mes de julio, año, judicion e lugar mas cerca sobredichos; presentes los nobles varones Mossen Tomas de Perci, camerlench, e Johan de Ymcort, senescal, Ricart de Aburburi, soracamarlench del dicho señor duque, e Lope Gomez de Lira, cavalleros,[89] e Alfonso Sanchez de Vera e Maestre Loys de Luca, fisigo del señor duque, testigos a estas cosas llamados specialmente e rogados.

E despues desto, el .xvii. dia del dicho mes de julio, anno e judicion sobredichos, en el monasterio de Sant Francisco de Castroxerez del Obispado de Burgos en la cambra de parament del dicho señor rey, seyendo presentes nos los dichos notarios delante del dicho don Johan rey de Castiella e de Leon e otrosi delante don Enrique, primogenito del dicho rey, e don Ferrando, segundogenito de esse mesmo rey, Fray Ferrando Gonçalvo e Pero Sanchez e Mestre Remon Guillim e John Trailli, procuradores e ambaxadores sobredichos de los dichos rey e duque e duquessa, los dichos tractos ya por ellos en la forma sobrescripta firmados e jurados presentaron por nos los dichos notarios a los dichos rey e don Enrique e don Ferrando, demandando e requiriendo a ellos que los dichos tractos e todas e singulares cosas en ellos contenidas, que ya concordadas e con deliberacion madura fueron concordadas[90] por los dichos procuradores de comun consentimiento e concordia e en nombre e en almas dellos juradas, veyer,[91] examinar, loar e aprovar, emologar e ratificar, confirmar e juramentos[92] e promissiones roborar, que fuesen como devian.[93] Los quales señor rey e don Enrique e don Ferrando a la requisicion dellos consintientes, los sobredichos tractos ya suso por los sobredichos procuradores firmados e todas e singulares cosas en ellos contenidas se fizieron ex*[poner]*[94] e vulgarizar e distictamente[95] declarar.

NOTES TO THE DOCUMENTS

1. The document repeats from "e para abenir" to "dellos".
2. MS *sic*.
3. This has every appearance of being a citation but we have been unable to trace the source. It is certainly not Biblical and apparently not classical either.
4. An allusion to John xiv, 27: *Pacem relinquo vobis*.
5. An allusion to John x, 16: *et fiet unum ovile, et unus pastor*.
6. Blank space in the manuscript, completed with information taken from MS Harley 431 (see Introduction, p. iii).
7. MS *sic*.
8. See note 6, above.
9. MS *sic*.
10. MS *sic*.
11. MS *sic*.
12. Blank space in the manuscript, completed with information taken from subsequent versions of the treaty, printed below.
13. Not in MS but required to complete the sense.
14. MS *sic*.
15. MS *sic*.
16. See note 6, above.
17. See note 6, above.
18. MS *sic*.
19. See note 12, above.
20. See note 3, above.

21. See note 4, above.
22. See note 5, above.
23. "Dominam" repeated in MS.
24. See note 6, above.
25. See note 6, above.
26. See note 6, above.
27. Blank space in the manuscript. There seems to be nothing missing.
28. MS *sic*.
29. MS *sic*.
30. MS *sic*.
31. Folio 234 is in bad condition, with some words missing. The text has been completed on the basis of clause xxv of Trancoso III.
32. See note 3, above.
33. Blank space in the manuscript. John of Gaunt was son of Edward III of England.
34. See note 4, above.
35. See note 5, above.
36. MS *sic*.
37. MS *sic*.
38. See note 6, above.
39. MS *sic*.
40. See note 6, above.
41. "Bayonen'" in MS.
42. "Burdegalen'" in MS.
43. MS *sic*.
44. MS *sic*.
45. MS *sic*.
46. The first six clauses and part of the seventh clause of the treaty are missing. The text supplied is taken from López de Ayala, *Crónica del rey don Juan I*, pp. 118-19. Compare the first seven clauses of Trancoso III. Ayala introduces the terms of the treaty with the words, "Luego que los mensageros del Rey de Castilla llegaron en Bayona, firmaron el dicho trato en esta manera".
47. The upper edges of the folios of this document are damaged, and a small amount of text is missing on several of them. The missing text is supplied, henceforth without further comment.
48. MS *sic*.
49. MS *sic*.
50. MS *sic*.
51. MS *sic*.
52. MS *sic*.

53. MS *sic*.
54. MS *sic*.
55. MS *sic*.
56. The document repeats the words "e non ayudara al dicho rey de Francia".
57. The word added is missing in the MS but required by the sense.
58. There is a lacuna here in the document. Compare clause xiiii of Trancoso III, above.
59. There is a lacuna here in the document. Compare clause xiiii of Trancoso III, above.
60. There is a lacuna here in the document. Compare clause xiiii of Trancoso III, above.
61. MS *sic*.
62. MS *sic*.
63. There is a lacuna in the document. Compare clause xiiii of Trancoso III, above.
64. MS *sic*.
65. MS *sic*.
66. MS *sic*.
67. MS *sic*.
68. MS *sic*.
69. MS *sic*.
70. MS *sic*.
71. The MS repeats the words "mas al".
72. MS *sic*.
73. MS *sic*.
74. MS *sic*.
75. MS *sic*. The word "no" appears to be missing. Compare the preceding clause.
76. MS *sic*.
77. MS *sic*.
78. MS *sic*.
79. The syntax of this clause is not entirely clear. The two editorial additions attempt to make sense of it.
80. The subsidiary documents mentioned here are not present with this copy of the treaty.
81. The subsidiary documents mentioned here are not present with this copy of the treaty.
82. The names of the notaries do not appear in the document.
83. The MS appears to be defective, text similar to our addition having been omitted.

85. MS *sic*.
86. MS *sic*.
87. MS *sic*. An "e" seems to be missing.
88. MS *sic*.
89. MS *sic*.
90. MS *sic*. Compare the wording in the description of the confirmation by the Duke and Duchess, above.
91. MS *sic*. Compare the wording in the description of the confirmation by the Duke and Duchess, above, which suggests that "quisiesen" has been omitted here.
92. MS *sic*. Compare the wording in the description of the confirmation by the Duke and Duchess, above, which suggests that "con" has been omitted here.
93. MS *sic*. Compare the wording in the description of the confirmation by the Duke and Duchess, above.
94. This word, on the final line of the document, is partially illegible.
95. MS *sic*.

BIBLIOGRAPHY

Armitage-Smith, S., *John of Gaunt, King of Castile and Leon, Duke of Aquitaine and Lancaster, Earl of Derby, Lincoln and Leicester, Seneschal of England* (London, 1904).

Black, W. H., *Catalogue of Arundel Manuscripts in the College of Arms* (London, 1829).

Boyle, L. E., *A Survey of the Vatican Archives and of its Medieval Holdings* (Toronto, 1972).

Cortes de los antiguos reinos de León y Castilla, 7 vols (Madrid, 1861-1903).

Daumet, G., *Étude sur l'alliance de la France et de la Castile aux XIVe et XVe siècles* (Paris, 1898).

Delachenal, R., *Histoire de Charles V*, 5 vols (Paris, 1909-31).

Gutiérrez de Velasco, A., "Los ingleses en España (siglo XIV)", *Estudios de la Edad Media de la Corona de Aragón*, 4 (1951), 215-319.

Kirby, J. L., *Henry IV of England* (London, 1970).

Lopes, Fernao, *Chronica del rey don Joam I*, 3 vols (Lisbon, 1644), II, 264-67.

López de Ayala, Pedro, *Crónica del rey don Juan I*, in *Crónicas de los reyes de Castilla*, edited by Cayetano Rosell, 3 vols, Biblioteca de autores españoles, 66, 68, 70 (Madrid, 1875-78), II, 65-159.

Palmer, J. J. N., *England, France and Christendom, 1377-1399* (London, 1972).

---, "England and the Great Western Schism, 1388-1399", *English Historical Review*, 83 (1968), 516-22.

Perroy, E., *L'Angleterre et le grand Schisme d'Occident* (Paris 1933).

Russell, P. E., *English Intervention in Spain and Portugal in the Time of Edward III and Richard II* (Oxford, 1955).

Sitges, J. B., *Las mujeres del rey don Pedro I de Castilla* (Madrid, 1910).

Suárez Fernández, Luis, "Castilla, 1350-1406", in *Historia de España,* directed by Ramón Menéndez Pidal, vol. XIV, Luis Suárez Fernández and Juan Reglá Campistol, *España cristiana. Crisis de la Reconquista. Luchas civiles* (Madrid, 1966), pp.1-378.

---, *Castilla, el Cisma y la crisis conciliar, 1378-1440* (Madrid, 1960).

---, *El canciller don Pedro López de Ayala y su tiempo (1332-1407)* (Vitoria, 1962).

---, *Juan I de Castilla*, 2nd edn (Madrid, 1979).

---, *Relaciones entre Portugal y Castilla en la época del infante don Enrique* (Madrid, 1960).

Terrier de Loray, Le marquis, *Jean de Vienne, amiral de France, 1341-1396* (Paris, 1877).

Valois, N., *La France et le grand Schisme d'Occident*, 4 vols (Paris, 1896-1902).

CONTENTS

Acknowledgements	v
Introduction	vii
Notes to the Introduction	xvii
Documents	1
1. Powers of John of Gaunt's Ambassadors	3
2. The First Treaty of Trancoso	7
3. Amendments to the First Treaty	19
4. The Second Treaty of Trancoso	25
5. The Third Treaty of Trancoso	35
6. The Treaty of Bayonne	49
Notes to the Documents	65
Bibliography	69